ENCONTRE SEU PORQUÊ

ENCONTRE SEU PORQUÊ

UM GUIA PRÁTICO PARA DESCOBRIR
O SEU PROPÓSITO E O DE SUA EQUIPE

SIMON SINEK,
DAVID MEAD e PETER DOCKER

SEXTANTE

Título original: *Find Your Why*

Copyright © 2017 por Sinek Partners, LLC.
Copyright da tradução © 2018 por GMT Editores Ltda.
Publicado mediante acordo com Portfolio, uma divisão da Penguin Random House LLC.
Todos os direitos reservados. Nenhuma parte deste livro pode ser utilizada ou reproduzida sob quaisquer meios existentes sem autorização por escrito dos editores.

tradução: Marcelo Schild Arlin

preparo de originais: Rafaella Lemos

revisão: Luis Américo Costa e Rebeca Bolite

adaptação de projeto gráfico e diagramação: DTPhoenix Editorial

adaptação de capa: Ana Paula Daudt Brandão

impressão e acabamento: RR Donnelley

CIP-BRASIL. CATALOGAÇÃO NA PUBLICAÇÃO
SINDICATO NACIONAL DOS EDITORES DE LIVROS, RJ

S623e   Sinek, Simon
Encontre seu porquê/ Simon Sinek, David Mead, Peter Docker; tradução de Marcelo Schild. Rio de Janeiro: Sextante, 2018.
192 p.: il.; 16 x 23 cm.

Tradução de: Find your why
Apêndice
ISBN 978-85-431-0665-6

1. Liderança. 2. Influência. 3. Desenvolvimento organizacional. I. Mead, David. II. Docker, Peter. III. Schild, Marcelo. IV. Título.

18-52144

CDD: 658
CDU: 658.011.4

Todos os direitos reservados, no Brasil, por
GMT Editores Ltda.
Rua Voluntários da Pátria, 45 – Gr. 1.404 – Botafogo
22270-000 – Rio de Janeiro – RJ
Tel.: (21) 2538-4100 – Fax: (21) 2286-9244
E-mail: atendimento@sextante.com.br
www.sextante.com.br

SUMÁRIO

PREFÁCIO 7

INTRODUÇÃO 11

CAPÍTULO 1
Comece pelo PORQUÊ 19

CAPÍTULO 2
Descubra seu PORQUÊ 31

CAPÍTULO 3
Descoberta do PORQUÊ para indivíduos 39

CAPÍTULO 4
Descoberta do PORQUÊ para grupos 69
  Parte 1: A Abordagem Tribal

CAPÍTULO 5
Descoberta do PORQUÊ para grupos 89
  Parte 2: Falando com a tribo

CAPÍTULO 6
Declare seus COMOs 119

CAPÍTULO 7
Assuma uma posição   141

APÊNDICE 1
Perguntas mais frequentes   161

APÊNDICE 2
Dicas para o parceiro na Descoberta do Porquê Individual   173

APÊNDICE 3
Dicas para o facilitador na Descoberta do Porquê Tribal   177

APÊNDICE 4
O Exercício dos Amigos   179

AGRADECIMENTOS   185

PREFÁCIO

POR SIMON SINEK

A realização é um direito, não um privilégio. Cada um de nós tem o direito de se sentir realizado com o trabalho que faz, de acordar inspirado para ir trabalhar, de se sentir seguro quando está desempenhando suas funções e de voltar para casa com a sensação de que contribuiu para algo maior que si mesmo. A realização não é uma loteria. Não é uma sensação reservada para poucos sortudos que podem dizer: "Eu amo o que faço."

Para aqueles que ocupam uma posição de liderança, criar um ambiente no qual as pessoas sob sua supervisão se sintam parte de algo maior é uma responsabilidade. Já para os que trabalham para organizações que não os fazem se sentir inspirados ao começo e ao fim de cada dia, o dever é se tornar o líder que desejariam ter. Não importa a posição, cada um de nós tem ao menos um colega, cliente ou fornecedor que pode considerar inspirador trabalhar conosco. O objetivo não é se concentrar no que está atrapalhando você, mas adotar medidas que terão um efeito positivo e duradouro em todos ao redor.

O conceito do PORQUÊ é uma jornada profunda e pessoal que nasceu da dor. Descobri a ideia numa época em que tinha perdido toda a paixão pelo meu trabalho. Os conselhos que as pessoas me davam não ajudavam: "Faça o que você ama", "Encontre sua felicidade", "Seja apaixonado". Todos bons conselhos – mas totalmente impraticáveis. Eu concordava com eles na teoria, mas não sabia o que deveria mudar. Não sabia o que fazer de diferente na segunda-feira. E esse é o motivo pelo qual o PORQUÊ tem sido e continua sendo uma força tão profunda na minha vida. Descobrir meu PORQUÊ não apenas renovou minha paixão como também me deu um filtro para tomar decisões melhores. Ele me ofereceu uma nova lente através da qual eu fui capaz de ver o mundo de maneira diferente. E foi através desta lente – o intuito de inspirar as pessoas a fazerem o que as inspira para que, juntos, cada um de nós possa mudar o mundo – que comecei a pregar os conceitos do PORQUÊ e do Círculo Dourado. E as pessoas ouviram. Na verdade, fizeram mais do que ouvir; elas se juntaram a mim na pregação dessa mensagem, difundindo a visão. E nosso movimento nasceu.

A TED Talk que dei em 2009 ajudou a espalhar a ideia e meu primeiro livro, *Comece pelo porquê*, tratou do PORQUÊ com muito mais profundidade. Pessoas e organizações que conhecem seu PORQUÊ alcançam um sucesso maior e mais duradouro, conquistam mais confiança e lealdade dos funcionários e clientes e são mais visionárias e inovadoras do que a concorrência. Os conceitos do PORQUÊ e do Círculo Dourado se transformaram numa peça enorme do quebra-cabeça que tornaria real o mundo que imaginei. Mas havia um problema.

Embora eu pudesse explicar a importância e o poder do PORQUÊ e conseguisse ajudar indivíduos e organizações a descobrirem seu propósito, não era capaz de atingir uma parcela significativa de pessoas se quiséssemos ter um impacto real. Então minha equipe complementou o que comecei. Eles tornaram meu processo ainda melhor e começaram a alcançar mais gente. Chegaram a desenvolver um curso on-line para que as pessoas descobrissem seu PORQUÊ. Mas nem isso era suficiente.

É por isso que este livro existe. Enquanto *Comece pelo porquê* explica o conceito do PORQUÊ, *Encontre seu porquê* oferece os passos para realmente colocá-lo em ação. E como falo no primeiro livro, embora eu seja o cara que teve a ideia, não tenho ferramentas para dar vida a ele em grande escala. É aqui que David e Peter entram em cena.

Peter Docker e David Mead se juntaram a mim nesta jornada porque foram inspirados pelo mundo que imaginei. Os dois possuem um conjunto único de habilidades para tornar a minha visão – *a nossa visão* – uma realidade. Posso ter descoberto como ajudar uma pessoa a encontrar seu PORQUÊ, mas foram David e Peter que descobriram como ajudar, digamos, uma sala com 70 pessoas a fazer o mesmo.

David sabe como fazer as coisas darem certo. Anos atrás, inspirado por uma de minhas palestras, ele começou a desenvolver cadernos de exercícios e elaborar programas de treinamento para os funcionários de sua empresa na época. Ele fez isso sem jamais pedir ajuda a mim ou a qualquer um. Quando soube, fiquei impressionado com sua profunda compreensão de minhas ideias e sua capacidade de colocá-las em prática.

Peter se aposentou da Força Aérea Real e queria continuar a vida no setor privado. Ele descobriu meu trabalho e entrou em contato apenas para dizer quanto ficara inspirado. Peter combinou minhas ideias com o trabalho que já fazia para ampliar seu impacto. Pouco depois de nos conhecermos, ele se tornou o mentor de algumas pessoas da nossa equipe apenas porque é um cara de bom coração. O desempenho dele foi tão bom que usamos muitas das suas iniciativas para ajudar a construir nossa empresa e a fazer nosso movimento crescer.

Por fim, os dois se juntaram à nossa equipe e uma amizade profunda nasceu entre eles. A genialidade dos dois tornou meu trabalho ainda melhor. Assim, quando surgiu a oportunidade de escrever um guia que desse continuidade a *Comece pelo porquê*, pedi ajuda a eles. Esses caras são o "como" do meu porquê. E acho incrível que nosso movimento tenha dado a eles a possibilidade de compartilhar seu conhecimento com tantas pessoas.

Este livro levou anos para ser elaborado. Peter e David viajaram pelo mundo para fazer palestras sobre o PORQUÊ e trabalham de perto com indivíduos e organizações para ajudá-los a compreender, descobrir e usar os conceitos. Eles já ouviram as perguntas, descobriram os obstáculos e encontraram maneiras cada vez melhores de desenvolver a visão. E é aqui que você entra em cena.

Se quisermos mudar profundamente o funcionamento do mundo dos negócios, ajudar organizações a criar uma cultura na qual a confiança e a cooperação sejam a norma, não a exceção, e construir o mundo que imaginamos, precisaremos de ajuda. Muita ajuda. Embora o trabalho que minha equipe vem fazendo esteja deixando uma marca, não somos capazes de criar sozinhos o tipo de mudança necessária. Será preciso um exército.

David e Peter escreveram este livro como um roteiro prático, um manual completo e independente que fornece a qualquer um as peças necessárias para descobrir e articular seu PORQUÊ.

Encontre seu porquê é uma jornada. Embora todo o passo a passo esteja aqui, será necessário trabalhar e ter paciência para entendê-lo realmente. Lembre-se, este livro é um guia. Siga os passos, aprenda os conceitos e não deixe de fazer adaptações durante o processo para torná-lo a sua cara. Se descobrir algo que funcione melhor para você, faça dessa maneira!

Pense neste livro como o revólver que é disparado na largada de uma corrida. O estampido enche você de entusiasmo e energia para começar a correr. Mas são as lições que você aprenderá durante a corrida – à medida que aprende a viver seu PORQUÊ – que vão inspirá-lo e lhe mostrar do que é capaz. E lembre-se da lição mais importante: o objetivo não é simplesmente cruzar a linha de chegada, mas ver quantas pessoas você consegue inspirar a correr ao seu lado.

Há uma seção inteira de "autoajuda" nas livrarias, mas não há nenhuma seção de "ajuda aos outros". É isso que estamos fazendo juntos – somos pioneiros da indústria da ajuda aos outros. Dou as boas-vindas a todo mundo que quer descobrir seu PORQUÊ, que quer que a sua companhia comece pelo PORQUÊ, que quer que outras pessoas descubram seu PORQUÊ... Para todos que querem contribuir para construir um mundo no qual a grande maioria acorde inspirada para ir trabalhar, no qual as pessoas se sintam seguras quando estiverem desempenhando suas funções e voltem para casa realizadas com o que fazem... Quanto mais gente levantar as mãos e disser "Conte comigo", maior será a chance de construirmos o mundo que imaginamos. Podemos contar com você?

INTRODUÇÃO

Viajamos muito a negócios, mas às vezes o trabalho simplesmente não espera – e embarca no avião conosco. Foi o que aconteceu certo dia com Peter, em um voo de Miami para St. Louis. É assim que ele conta a história:

Eu estava exausto. Só queria chegar ao meu destino. Mais um voo. Mais um estranho sentado ao meu lado. Rezei aos deuses das companhias aéreas por um companheiro de viagem que não invadisse meu espaço – física ou verbalmente. Eu só queria ser deixado em paz. Mas, como fui descobrir, meu vizinho seria uma *daquelas* pessoas e aquele seria um *daqueles* voos.

Eu estava me acomodando para a viagem de quatro horas quando Steve se sentou e se apresentou. Depois de um pouco de conversa fiada, ele começou a me contar como ganha a vida. Se você já esteve numa situação assim, sabe que Steve não era, digamos, um guarda-costas de estrelas de Hollywood, ansioso para compartilhas histórias de bastidores sobre a vida amorosa e o uso recreativo de drogas das celebridades. Nenhuma história apimentada ou fofoca para me entreter durante o voo. Não. Há 23 anos, Steve vendia aço. Sim, aço. Fascinante!

Acontece que o aço que Steve vende não é do tipo comum. A empresa dele, com sede na Suécia, produz um tipo especialmente puro de aço que permite que as máquinas funcionem com maior eficiência porque suas peças – por exemplo, o câmbio de um carro – são mais leves. Sendo ele próprio um engenheiro, Steve podia garantir a superioridade de seu produto em relação às outras opções no mercado.

Ao terminar de me contar sobre seu trabalho, Steve ficou olhando para mim em expectativa, obviamente ansiando por uma pergunta que lhe permitisse falar mais sobre aço. O problema era que eu não me importava muito com o que Steve fazia. Não é que eu seja esnobe ou antissocial e só me interesse por fofocas. Nada disso. O que me atrai não é *o que* as pessoas fazem para ganhar a vida, mas *por que* fazem o que fazem. Então, em vez de perguntar a Steve quanto custa seu aço e quem são seus melhores clientes, virei para ele e disse:

– E daí?

– Bem, hum... – titubeou Steve, sem entender a pergunta.

Então: coloquei em outras palavras:

– Entendo que o aço que você vende é muito puro. Entendo que ele possibilita a produção de componentes mais leves, os quais tornam as máquinas mais eficientes. Mas e daí?

Steve gaguejou um pouco mais, depois falou de repente:

– Bem, assim não é preciso usar tanto material.

Estava chegando perto. Pressionei mais um pouco:

– E que diferença isso faz?

Por um momento, pareceu que Steve ia desmoronar. Tudo que ele queria era bater papo. Agora ia ter que responder perguntas estranhas pelas três horas seguintes (o jogo tinha virado). Mas continuamos conversando e o ajudei a encontrar as respostas.

Como descobri, se você tem um aço tão puro, pode fabricar peças fortes com menos material. Usar menos material significa precisar de menos fundição (o processo de extrair o metal do minério), de modo que menos energia é utilizada na produção do aço, o que gera menos poluição. E, quando o aço é usado para construir uma máquina como um carro, essas vantagens se repetem: o carro fica mais leve, de modo que consome menos combustível e, portanto, produz menos poluição. E, como se isso não bastasse, o aço mais puro é mais fácil de reciclar do que outros tipos. Aquilo era de fato interessante, mas ainda não tínhamos chegado à razão por que Steve era tão entusiasmado pelo seu trabalho.

– Economizar combustível e reduzir a poluição é ótimo – eu disse –, mas deve haver nesse negócio algo mais que o fez continuar nele por 23 anos. – É muito tempo para continuar apaixonado por alguma coisa.

– Deve haver algo mais em jogo, algo em que você realmente acredite – provoquei-o.

Então, aconteceu. Pela primeira vez na conversa, vi os olhos de Steve brilharem. Os sentimentos dele transbordaram.

Steve está comprometido em manter o planeta saudável para seus filhos e as futuras gerações, e uma maneira de fazer isso é sendo mais responsável com o uso dos ricos recursos do nosso planeta. Durante todo o tempo que passara falando sobre aço, ele não mencionara isso uma única vez – no entanto, era justamente o que o inspirava a começar a contar tudo sobre aço puro para um estranho em um avião.

Pedi permissão a Steve para reformular seu discurso.

– Colocando de maneira simples – comecei, falando como se eu fosse Steve –, acredito no uso de recursos naturais pelo bem da humanidade. E também acredito que devemos fazer isso com responsabilidade, deixando o planeta seguro e saudável para nossos filhos. Foi isso que me levou a me tornar engenheiro e a ingressar na minha organização atual. Nossa empresa, que tem sede na Suécia, um país comprometido com a sustentabilidade, desenvolveu uma maneira de ajudar engenheiros a criar produtos mais leves, mais eficientes e ecológicos. E nosso caminho específico rumo à sustentabilidade é o aço leve.

– Obrigado – disse Steve, radiante. – Você acaba de colocar em palavras o motivo pelo qual amo o que faço.

Só de começar minha versão do discurso com a razão *por que* ele ama seu trabalho, ajudei-o a ver que não é *o que* ele faz que o mantém realizado por mais de duas décadas. O que o inspira é *por que* ele faz o que faz. Ao conectar seu trabalho com seu senso de propósito, Steve descobriu seu PORQUÊ.

★ ★ ★

Cada um de nós tem um PORQUÊ, um propósito arraigado, uma causa ou uma crença que é a fonte da nossa paixão e inspiração. Você pode ainda não saber qual é o seu ou como expressá-lo em palavras. Mas asseguramos que você tem um. Se gostaria de entender seu PORQUÊ e não quer esperar até Peter se sentar ao seu lado em um voo, este livro pode ajudar. Acreditamos que todos nós merecemos viver como Steve – acordando inspirados

Sua visão só pode ser colocada em prática se você a expressa em voz alta. Se a guardar para si, ela permanecerá um fruto da sua imaginação.

para ir trabalhar e voltando para casa no final do dia realizados pelo trabalho que fazemos.

Realização não é outra maneira de dizer felicidade. Muitas coisas podem nos deixar felizes no trabalho: atingir uma meta, ser promovido, conquistar um novo cliente, concluir um projeto – a lista é longa. Mas a felicidade é temporária; a sensação não dura. Ninguém anda por aí animado pela memória de uma meta atingida 12 meses atrás. A intensidade passa com o tempo.

A realização é mais profunda. A realização é duradoura. A diferença entre felicidade e realização é a diferença entre gostar e amar. Por exemplo, não *gostamos* dos nossos filhos o tempo todo, mas com certeza os *amamos* o tempo todo. Não necessariamente encontramos felicidade em nosso trabalho todos os dias, mas podemos nos sentir realizados com nosso trabalho todos os dias se ele fizer com que nos sintamos parte de algo maior. (Esse é o motivo pelo qual percebemos que *não* estamos realizados mesmo que sejamos bem-sucedidos de acordo com critérios tradicionais como remuneração e status. A realização vem quando nosso trabalho se conecta diretamente com nosso PORQUÊ.) Steve, nosso homem do aço, encontra *felicidade* quando fecha um negócio, mas encontra *realização* por saber que está contribuindo para uma causa mais elevada, com implicações maiores. A felicidade vem do *que* fazemos. A realização vem de *por que* o fazemos.

Steve é um homem de sorte. Embora não conseguisse articular seu PORQUÊ até conhecer e conversar com Peter, o *vivia* havia décadas e, como resultado, sentia-se inspirado e realizado. Mas e se a companhia na Suécia tivesse sido comprada por uma empresa maior que demitisse Steve? E se ele precisasse procurar outro emprego sem conhecer seu PORQUÊ? Levando em conta suas décadas de experiência, provavelmente tentaria outro emprego vendendo aço. Mas, se a nova organização não fosse dedicada à sustentabilidade, seu sentido de propósito desapareceria junto com seu entusiasmo ao falar com estranhos num avião. E ele poderia nunca ter ligado os pontos para descobrir que sua paixão pelo trabalho na verdade não tinha nada a ver com aço.

Se quisermos sentir uma paixão infindável por nosso trabalho, se quisermos sentir que estamos contribuindo para algo maior, precisamos conhecer nosso PORQUÊ. E foi por isso que escrevemos este livro.

★ ★ ★

Encontre seu porquê é uma compilação do que nossa equipe aprendeu em mais de 25 anos de experiência conjunta conduzindo Descobertas do Porquê. Já ajudamos todo tipo de pessoa – incluindo empreendedores, funcionários, pequenos negócios e equipes de grandes empresas – a descobrir o próprio PORQUÊ. Este livro foi elaborado para ajudar você a encontrar o seu.

A seguir, há uma síntese do que você vai encontrar em cada um dos sete capítulos. Os dois primeiros contêm informações fundamentais para descobrir seu PORQUÊ e recomendamos que todos os leiam. Depois, você pode seguir tanto para o Capítulo 3 (se estiver descobrindo seu PORQUÊ individual) ou para o Capítulo 4 (se estiver descobrindo o PORQUÊ de uma equipe ou grupo. Depois, recomendamos que todos os leitores examinem os Capítulos 5, 6 e 7. No final do livro, oferecemos diversas informações adicionais que podem ser úteis à medida que as perguntas surgirem.

- O Capítulo 1 é uma recapitulação muito resumida de *Comece pelo porquê*, o livro escrito por Simon Sinek que popularizou o conceito do PORQUÊ. Essa seção discute alguns dos benefícios de conhecer seu propósito.

- O Capítulo 2 apresenta uma visão geral do processo de descoberta do PORQUÊ. É importante que você o leia, independentemente de estar entrando no processo por conta própria ou com uma equipe.

- O Capítulo 3 é o processo passo a passo para que indivíduos – empreendedores ou funcionários – encontrem seu PORQUÊ pessoal. Se você está usando este livro para ajudar sua equipe ou organização, embora não seja imperativo, concluir essa seção e encontrar primeiro o próprio PORQUÊ pode ajudá-lo a conduzir o grupo pelo processo de descoberta.

- O Capítulo 4 explica o que você precisa fazer para se preparar para uma Descoberta do Porquê de uma equipe, organização ou qualquer "tribo" na qual as pessoas estejam reunidas para trabalhar.

- O Capítulo 5 dá continuidade ao Capítulo 4 e explica como conduzir uma tribo pelo processo de Descoberta do Porquê.

- O PORQUÊ é o destino e os COMOs são o percurso que traçamos para chegar lá. O Capítulo 6 trata dos COMOs, das ações que realizamos para dar vida ao nosso PORQUÊ.

- O Capítulo 7 explica como compartilhar seu PORQUÊ com os outros e como começar a vivê-lo e a colocá-lo em prática.

- Os apêndices oferecem respostas às perguntas que ouvimos com mais frequência nos nossos workshops e "folhas de consulta" para quando você (ou outro facilitador) estiver conduzindo o workshop.

Uma das coisas mais difíceis de prever sobre a descoberta do PORQUÊ é quanto tempo o processo levará. Do Capítulo 3 ao 5 descrevemos o processo para indivíduos e tribos, incluindo, com base na nossa experiência, uma estimativa de quanto tempo cada passo levará. Mas esses números são apenas médias. Para alguns, o processo transcorre mais rapidamente; para outros, mais devagar. Não existe uma medida "certa" de tempo. O que importa é seguir cada seção ou passo até que você se sinta confiante para ir para o próximo.

Para falar a verdade, sentimos um pouco de inveja por saber que você está prestes a virar a página e iniciar o Capítulo 1. Amamos tanto ajudar as pessoas a descobrirem seu PORQUÊ que nós – Peter e David – gostaríamos de poder estar aí pessoalmente com cada um de vocês. Mas nossa missão é dar vida ao PORQUÊ para o maior número possível de pessoas. Portanto, seremos seus guias virtuais enquanto você parte em sua aventura. Inspire-se!

CAPÍTULO 1

Comece pelo PORQUÊ

UM GUIA

À s vezes, um projeto que parece uma vitória fácil se transforma em uma decepção ou até mesmo em um desastre. E – o que é mais importante – às vezes nós ou um concorrente alcançamos um sucesso brilhante quando todas as suposições mais comuns do mundo dos negócios diziam que deveríamos ter fracassado. Esses resultados podem parecer misteriosos, mas não o são quando vistos a partir de uma perspectiva que começa pelo PORQUÊ.

No livro *Comece pelo porquê*, Simon Sinek usa um modelo que chama de Círculo Dourado para explicar como líderes lendários como Steve Jobs, Martin Luther King e os irmãos Wright conseguiram realizar o que outras pessoas igualmente inteligentes e esforçadas – às vezes com mais recursos – não conseguiram.

Se você leu o livro de Simon ou o viu falar sobre o PORQUÊ na TED Talk (você pode acessar a palestra em https://goo.gl/eAMLjb), já está familiarizado com o modelo. Este capítulo servirá para lembrá-lo dos pontos mais importantes. Se o Círculo Dourado for novo para você, o que vem a seguir é o cerne da questão e uma preparação essencial para sua própria jornada em busca do PORQUÊ.

Toda organização – e a carreira de todas as pessoas – opera em três níveis, como ilustrado na imagem abaixo. *O que* fazemos, *como* o fazemos e *por que* fazemos. Todos sabemos *o que* fazemos: os produtos que vendemos, os serviços que oferecemos ou as tarefas que realizamos. Alguns de nós sabem *como* o fazemos: o que achamos que nos torna diferentes ou nos destaca na multidão. Mas muitos poucos de nós conseguem articular com clareza *por que* fazemos o que fazemos.

(Diagrama: três círculos concêntricos rotulados POR QUÊ?, COMO?, O QUÊ?)

"Espere", você pode dizer. "Sejamos honestos: a maioria das pessoas trabalha para ganhar dinheiro, certo? Esse é o 'porquê' óbvio." Em primeiro lugar, o dinheiro é um resultado. Embora seja parte do quadro mais amplo, não é o que inspira nenhum de nós a levantar da cama de manhã. E aos cínicos por aí que pensam que eles mesmos ou os outros realmente levantam da cama por causa do dinheiro, a pergunta que fazemos é: por que motivo eles querem o dinheiro? É para ter liberdade? Para viajar? Para proporcionar aos filhos um estilo de vida que não tiveram? É para se comparar e mostrar aos outros que eles têm mais? A questão é que não é o dinheiro que motiva as pessoas. O PORQUÊ vai muito mais fundo para compreender o que nos motiva e nos inspira. Ele é o propósito, a causa ou a crença por trás de toda organização e da carreira individual de cada um. *Por que* a sua empresa existe? *Por que* você levantou da cama hoje de manhã? *Por que* deveríamos nos importar com isso?

Quando conhecemos novos clientes, a primeira coisa que dizemos a eles é *o que* fazemos. Depois, explicamos *como* o fazemos ou *como* somos diferentes. Acreditamos que isso será o bastante para fechar um negócio, mudar o ponto de vista deles ou convencê-los a agir de determinada maneira. O discurso de venda a seguir tem esse modelo:

Vendemos papel. Oferecemos o produto de melhor qualidade pelo menor preço possível. Mais baixo do que qualquer concorrente. Quer comprar um pouco?

Esse é um discurso muito racional. Ele afirma claramente o que a empresa faz e tenta convencer potenciais compradores a escolherem seu produto com base em suas características e nos benefícios que oferece. Embora uma abordagem desse tipo funcione de vez em quando, na melhor das hipóteses ela resultará em algumas transações recorrentes. Assim que o comprador encontrar uma oferta melhor, ele desaparecerá, pois o discurso de venda não estabelece uma diferença significativa entre esse vendedor específico e as outras companhias. A lealdade não é construída a partir de características e benefícios. Características e benefícios não inspiram ninguém. Lealdade e relações duradouras se baseiam em algo mais profundo.

Vamos tentar refazer o discurso, desta vez começando pelo PORQUÊ:

De que vale uma ideia se ela não pode ser compartilhada? Nossa companhia foi fundada para ajudar a disseminar ideias. Quanto mais ideias forem compartilhadas, maior a probabilidade de que tenham um impacto no mundo. Há muitas maneiras de compartilhar ideias. Uma delas é a palavra escrita. É aí que nós entramos em cena. Fazemos papel para essas palavras. Fazemos papel para grandes ideias. Quer comprar um pouco?

Totalmente diferente, não é? Começar pelo PORQUÊ simplesmente fez com que o papel parecesse ótimo. E, se o PORQUÊ foi capaz de fazer isso por uma matéria-prima, imagine o que pode fazer por um produto que de fato tem a possibilidade de se destacar. Esse discurso não é baseado em fatos e números, em características e benefícios. Esses fatores têm valor, mas não vêm em primeiro lugar. Começar pelo PORQUÊ tem um valor mais profundo, sentimental e, em última análise, mais influente. Quando usamos o segundo discurso, não estamos mais falando sobre papel. Estamos falando sobre a identidade da nossa companhia e os valores que defendemos. É claro que sempre haverá aquelas pessoas que só querem uma resma de papel. Mas, ainda assim, se as crenças pessoais do seu cliente estiverem alinhadas com aquelas expressas em seu discurso – por exemplo, se ele também acredita na disseminação de ideias –, ele ficará muito mais propenso a fazer negócios com você, *não apenas uma única vez mas várias vezes*. Na verdade, ficará mais propenso a permanecer leal mesmo que outro vendedor ofereça um preço melhor. Fazer negócios com uma empresa que reflete as suas crenças diz algo a respeito de você.

Empresas que inspiram, que impõem confiança e lealdade a longo prazo, são as que nos fazem sentir que estamos realizando algo maior do que apenas economizar um pouco de dinheiro. Essa sensação de aliança com algo maior é o motivo pelo qual continuamos usando a camisa do nosso time mesmo que ele não vença nenhum campeonato há mais de 10 anos. É por causa dela que algumas pessoas sempre comprarão produtos da Apple, ainda que não sejam a opção mais acessível. Quer gostemos de admitir ou não, não somos seres inteiramente racionais. Se fôssemos, ninguém jamais se apaixonaria nem abriria uma empresa. Ao se deparar com uma chance gigantesca de fracassar, nenhuma pessoa racional correria o risco. Mas nós corremos. Todo dia. Pois o que sentimos em relação a uma coisa ou pessoa é mais poderoso do que o que pensamos sobre ela.

Só há um problema com sentimentos: eles podem ser incrivelmente difíceis de expressar em palavras. Esse é o motivo pelo qual recorremos tanto a metáforas e analogias, como "Nosso relacionamento parece um trem indo a toda na direção de uma ponte instável", "Quando chego ao escritório, sinto-me outra vez uma criança no parquinho". Ainda que transmitir nossos sentimentos seja difícil, a recompensa é grande. Quando estamos emocionalmente alinhados com nossos clientes, a conexão é muito mais forte e significativa do que qualquer vínculo baseado em características e benefícios. É isso que significa começar pelo PORQUÊ.

E eis a melhor parte: essa não é apenas nossa opinião. Todo o conceito do PORQUÊ se baseia nos princípios biológicos da tomada de decisões.

O modo de funcionamento do Círculo Dourado mapeia perfeitamente a maneira como nosso cérebro funciona.

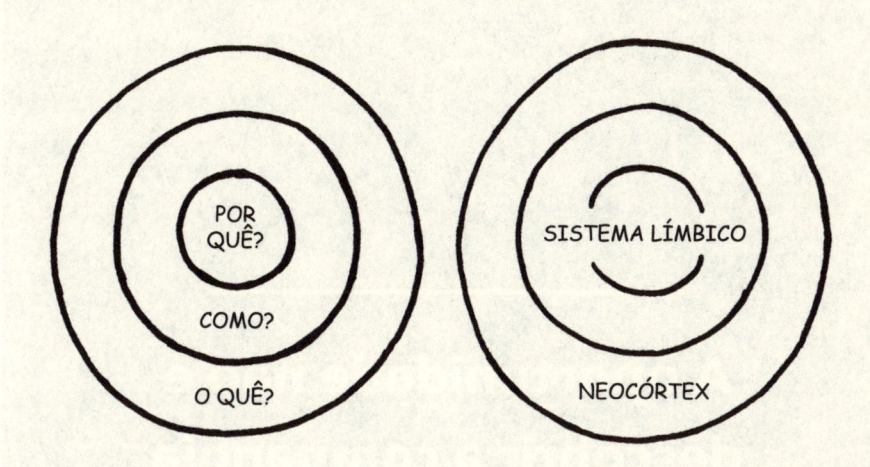

```
      ╭─────────╮              ╭─────────╮
    ╭──┤ POR   ├──╮          ╭──┤SISTEMA├──╮
    │  │ QUÊ?  │  │          │  │LÍMBICO│  │
    │  │ COMO? │  │          │  ╰───────╯  │
    │  │ O QUÊ?│  │          │   NEOCÓRTEX │
    ╰─────────────╯          ╰─────────────╯
```

A parte externa do Círculo Dourado – O QUÊ – corresponde à parte externa do cérebro – o neocórtex. Essa é a parte do cérebro responsável pelo pensamento racional e analítico. Ela nos ajuda a compreender fatos e números, características e benefícios. O neocórtex também é responsável pela linguagem.

As duas partes no centro do Círculo Dourado – o PORQUÊ e o COMO – correspondem à parte intermediária do cérebro, o sistema límbico. Essa é a parte responsável pelo nosso comportamento e pelas decisões que tomamos, além de responder também pelos nossos sentimentos, como a confiança e a lealdade. Porém, ao contrário do neocórtex, o sistema límbico não tem habilidade para a linguagem. É daí que vem a "intuição" – a sensação que temos diante de decisões que precisamos tomar e que temos dificuldade em explicar.

Essa separação de poderes é a razão biológica pela qual, às vezes, achamos difícil colocar nossos sentimentos em palavras ("Amo você mais do que as palavras podem dizer"), explicar nossas ações ("Eu estava fora de mim!") ou justificar nossas decisões ("Não sei... Apenas me pareceu que era o certo a fazer").

No entanto, podemos aprender a expressar esses sentimentos em palavras. E as pessoas que fazem isso são as mais capazes de inspirar ação em si

A oportunidade não é descobrir a companhia perfeita para nós mesmos. A oportunidade é construir a companhia perfeita uns para os outros.

mesmas, entre os colegas e nos clientes. Escrevemos este livro para ajudar você a encontrar as suas palavras.

Depois de entender o seu PORQUÊ, você será capaz de articular claramente o que o faz se sentir realizado e de compreender o que motiva seu comportamento quando está em sua melhor forma. Ao alcançar isso, você terá um ponto de referência para tudo que fizer a partir de então. Você será capaz de tomar decisões mais intencionais para seu negócio, sua carreira e sua vida. Será capaz de inspirar os outros a comprarem de você, a trabalharem com você, a se juntarem à sua causa. Você nunca mais precisará jogar na loteria e agir em função de decisões intuitivas que são tomadas por motivos que não entende realmente. A partir de agora, você trabalhará com propósito, de propósito. A partir de agora, você começará pelo PORQUÊ.

Como é o PORQUÊ em ação

O diretor de RH, vestindo um terno cinza muito gasto, levantou o olhar para Emily e lançou sua pergunta de abertura padrão:

– E então, como você pode contribuir para a nossa empresa?

Alguns meses antes de se formar, Emily se candidatara a uma posição em uma grande multinacional. Uma aluna nota 10 que entrara na universidade com uma bolsa de estudos integral, ela passara com facilidade pela primeira etapa do processo seletivo e encontrava-se agora sentada à mesa diante do diretor de RH e de outros três executivos. Eles podiam ver pela sua ficha que ela era inteligente, mas se preocupavam com sua falta de experiência. Além disso, o mais importante era descobrir se ela se encaixaria na cultura da empresa e como lidaria com a pressão.

O homem de cinza elaborou:

– Temos muitos candidatos de alto nível para essa posição. Diga-nos o que você tem que eles não têm.

Estudante meticulosa, Emily se preparara para a entrevista aprendendo tudo que podia sobre a companhia. Porém essas eram informações a que todos os outros candidatos tinham acesso. Assim, ela foi um passo além. Emily disse seu PORQUÊ:

– Antes de falar sobre como eu poderia contribuir para sua companhia – disse ela tranquilamente para o diretor de RH –, deixe-me dizer o motivo pelo qual levanto da cama todos os dias. Eu me empenho em ajudar as pessoas a se tornarem a melhor versão possível de si mesmas. É isso que me inspira. Pelo que dizem no site da empresa, sinto que é exatamente nisso que vocês também acreditam. Sendo assim, por que eu não me candidataria a fazer parte desta organização?

Isso captou a atenção deles.

Os entrevistadores pararam de folhear seus papéis e olharam diretamente para ela. Em seguida, Emily continuou com um discurso mais tradicional sobre suas habilidades e seus pontos fortes, mas a batalha já estava vencida. Em menos de 30 segundos, já convencera os entrevistadores a contratá-la. Começando pelo seu PORQUÊ, Emily falou diretamente com o sistema límbico deles, a parte do cérebro responsável por tomar decisões. Ao mostrar quem era, e não o que era capaz de fazer, ela formou uma conexão instantânea e genuína. Isso foi tudo que precisou fazer. Eles souberam intuitivamente que a queriam na equipe.

Também foi algo relativamente objetivo para Emily. Em vez de dedicar seu tempo de preparação a bolar respostas inteligentes para uma série de perguntas hipotéticas, ela se concentrou em encontrar uma maneira confortável de transmitir seu PORQUÊ. Uma vez diante dos entrevistadores, tudo que precisou fazer foi falar "do fundo do coração" (ou seja, de seu sistema límbico) sobre o que a inspirava a querer trabalhar naquela empresa. O resto da entrevista pareceu muito mais uma conversa do que uma arguição e todas as respostas dela validaram a intuição dos entrevistadores. O celular de Emily tocou antes mesmo que ela chegasse em casa. Era o diretor de RH lhe oferecendo o emprego.

As ferramentas podem ser utilizadas para muitos propósitos diferentes. Com um martelo, por exemplo, podemos simplesmente pendurar um quadro na parede ou construir uma casa inteira. Nosso PORQUÊ é uma ferramenta igualmente versátil e pode ser aplicada tanto numa perspectiva limitada quando numa mais ampla. Podemos usá-lo para arrasar em uma entrevista ou para inspirar nossa equipe. Um empreendedor pode usá-lo para guiar um único projeto ou para dirigir a organização inteira. Uma companhia pode usá-lo para inspirar uma campanha de marketing ou para transformar sua cultura corporativa. Uma ferramenta, muitas utilidades.

Uma outra maneira de pensar sobre o PORQUÊ é como a peça de um quebra-cabeça. Quando você sabe como é a sua peça, fica muito mais fácil ver onde ela se encaixa ou não. Decisões podem ser tomadas mais rapidamente e com um grau maior de certeza. E, quando os outros conseguem ver a sua peça, eles podem verificar se ela se encaixa na deles. Caso se encaixe, a imagem começa a tomar forma. No mundo real, isso é como unir uma equipe para disseminar uma visão em comum (ou, no caso das pessoas que contrataram Emily, como saber quem devem convidar para se juntar à companhia).

Há duas maneiras de construir uma carreira ou um negócio. Podemos passar a vida ciscando, procurando oportunidades ou clientes, na esperança de que alguma conexão se estabeleça. Ou podemos passar a vida com um propósito, conhecendo a nossa peça – conhecendo o nosso PORQUÊ – e seguindo diretamente para os lugares onde nos encaixamos.

Encontrando o encaixe perfeito

> Era hora do intervalo para um grupo de executivos seniores de uma emissora de TV que estava passando pelo processo de Descoberta do Porquê. Enquanto todos faziam fila para o café, Susan, a diretora de RH, foi até seu colega Jim.
> – Acho que não devemos contratá-lo – disse ela.
> Há várias semanas, Susan e Jim vinham debatendo se deveriam ou não contratar um candidato para uma posição crucial. Eles tinham

> realizado uma grande busca e limitado a seleção final a apenas uma pessoa. No papel, ele parecia ótimo. Preenchia todos os requisitos. Mas algo simplesmente não parecia certo.
> – Antes, eu não sabia qual era o problema – continuou Susan. – Mas agora está muito claro...
> – Ele não acredita no que acreditamos – interrompeu Jim, completando seu pensamento.

Graças ao processo de Descoberta do Porquê, Susan e Jim tiveram a mesma revelação. O candidato em questão tinha todas as qualificações certas, mas lhe faltava algo incrivelmente importante. Ele não podia apoiar o PORQUÊ da empresa. A vaga em aberto era crucial e deixá-la assim por mais alguns meses com certeza traria prejuízos à companhia. Mas, naquele instante, ao lado da mesa do lanche, eles resolveram que não importava quanto pudessem sofrer a curto prazo; continuariam procurando até encontrar alguém que pudesse fazer o trabalho *e* ser o encaixe perfeito para a organização.

É mais fácil contratar alguém com base em seu currículo do que em função de seu encaixe cultural. A razão para isso é bastante óbvia. Em geral, contratamos pois temos um trabalho que precisa ser feito. Examinamos o currículo para ver se o candidato possui as habilidades e a experiência necessárias para realizar o serviço. São fatos que estão em jogo. Para o bem ou para o mal, contratar em função do encaixe cultural costuma ter menos a ver com fatos do que com sensações. Executivos irresponsáveis vão ignorar essas sensações (ou seja, sua intuição), enquanto bons executivos darão ouvidos a elas. O problema é que continua sendo apenas uma sensação.

No caso dos executivos da TV, a sensação intuitiva de que o candidato não era bom para a empresa, embora tivesse as habilidades certas, foi forte o bastante para causar preocupação. Mas a incapacidade de articular o motivo pelo qual não o consideravam apropriado os impedia de usar sua intuição como uma base para a tomada de decisão. Isso acontece com todo mundo – quando todos os sinais dizem "Vá em frente", mas nossa intuição está nos dizendo para não ir. Isso acontece porque estamos prestes a tomar uma decisão que não está alinhada com nossos valores e crenças. Assim que **o PORQUÊ de uma companhia** é expresso em palavras, a cultura torna-se um pouco mais tangível e a decisão certa fica clara.

Seria legal se o mundo dos negócios fosse uma ciência exata, mas não é. Embora algumas partes de um negócio sejam previsíveis, tangíveis e fáceis de mensurar (pense em lucros, faturamento e despesas), o fato é que também há muitas partes imprevisíveis, intangíveis e difíceis de mensurar (pense em visão, confiança e na contratação de pessoas que se encaixam na cultura). Não é que não compreendamos o valor dos elementos intangíveis; a questão é que temos dificuldade em explicá-lo. Às vezes, os valores intangíveis são deixados de lado porque a pressão interna ou externa para obter resultados sobrepuja as preocupações com o bem-estar da companhia a longo prazo. Ou, às vezes, os elementos intangíveis são ignorados porque nos falta a paciência de cultivá-los e a capacidade de compreendê-los e explicá-los – ou de saber qual parâmetro poderia medi-los com precisão. Se tivéssemos as ferramentas certas para administrar os elementos intangíveis, provavelmente lhes daríamos mais atenção.

As ferramentas nos ajudam, por exemplo, a acompanhar o estoque, mas qual delas pode nos ajudar a medir quanto um funcionário em potencial se encaixa na cultura da empresa? Podemos calcular o lucro com facilidade, deduzindo as despesas do faturamento, mas como medimos com precisão o esforço da nossa força de trabalho? É possível conhecer o histórico de compras de um cliente, mas como sabemos se ele confia na companhia? A falta de respostas para essas perguntas é a razão pela qual muitas empresas contratam em função das habilidades – e não do encaixe – dos candidatos, falam sobre cultura mas não sabem como a construir e não conseguem criar conexões profundas e humanas com os funcionários e clientes.

> O PORQUÊ existe no nível macro e no nível micro. Uma companhia tem um PORQUÊ, cada divisão ou equipe tem um PORQUÊ e cada indivíduo tem um PORQUÊ. A oportunidade é se assegurar de que as pessoas certas estejam trabalhando nos lugares certos da companhia certa. Falaremos mais sobre esta ideia, chamada PORQUÊs Aninhados, no Capítulo 4.

O PORQUÊ é uma ferramenta que pode proporcionar clareza ao que é indefinido e tornar tangível o abstrato. Usado adequadamente, ele pode ser empregado para contratar, desenvolver estratégias e se comunicar com mais clareza (interna e externamente). O PORQUÊ pode ajudar a definir uma visão para inspirar as pessoas e pode nos levar a agir com propósito, de propósito.

Nos capítulos seguintes, explicaremos como você pode descobrir seu PORQUÊ e expressá-lo em palavras.

CAPÍTULO 2

Descubra seu PORQUÊ

UMA VISÃO GERAL

O mundo do trabalho é duro: acordar, ir para o escritório, lidar com o chefe (ou, se você for o chefe, lidar com todo mundo), gerar dinheiro (idealmente, mais este ano do que no ano passado), voltar para casa, administrar a vida pessoal, ir para a cama, acordar, repetir. É coisa demais para fazer todos os dias. Por que complicar (e desperdiçar tempo) tentando também entender *por que* você faz o que faz? A resposta para essa pergunta não é complicada – é simples. Seja você um empreendedor, um funcionário, um líder de equipe ou se deseja abordar a cultura de toda a sua organização, descobrir o PORQUÊ injeta paixão no seu trabalho. Isso não é uma fórmula para o sucesso. Existem muitas maneiras de ser bem-sucedido (pelos parâmetros tradicionais). No entanto, o Círculo Dourado é uma ferramenta para nos ajudar a conquistar um sucesso gratificante e de longo prazo.

- **Se você é um empreendedor**, descubra seu PORQUÊ para que possa comunicar para seus funcionários e clientes o que é único a respeito da sua companhia. Por exemplo, a Apple pode não vender sempre os melhores produtos – pense na questão da *duração da bateria* –, mas, se você é alguém que deseja "pensar diferente", provavelmente acredita na Apple em um nível emocional que jamais experimentaria, digamos, com a Dell. E conhecer seu PORQUÊ torna mais fácil contratar as pessoas certas. Todo empreendedor quer uma equipe formada por pessoas que acreditem de verdade, mas como você pode encontrá-las se não souber ao certo em que – além de no trabalho duro – precisa que elas acreditem? Se conhece seu PORQUÊ, você pode contratar pessoas que acreditam na mesma coisa, o que é uma motivação muito maior do que o dinheiro. Conhecer seu PORQUÊ é o segredo das contratações em função do "encaixe perfeito".

- **Se você é um funcionário**, como Steve, o vendedor de aço leve que se sentou ao lado de Peter no avião, conhecer seu PORQUÊ refresca e renova sua paixão, conectando-o com o PORQUÊ da sua companhia. E, caso você algum dia deixe a empresa, compreender claramente seu PORQUÊ será uma ferramenta inestimável na hora de escolher o próximo emprego: uma companhia na qual você estará mais propenso a se "encaixar", a ter sucesso e a se sentir realizado.

- **Se você pertence a uma equipe ou divisão** dentro de uma organização, ela provavelmente terá a própria subcultura. Em alguns casos, articular o PORQUÊ da equipe, a contribuição única que o grupo traz para a empresa, pode ser muito poderoso. Isso pode ajudar, de uma maneira mais profunda e significativa, a conectar as pessoas com a diferença que a companhia faz no mundo.

- **Se você quer descobrir o PORQUÊ da organização**, ele virá de uma de duas fontes: a primeira é o PORQUÊ do fundador, que está na história da origem da organização. Se o fundador não estiver mais presente, temos um método que toma como base os melhores elementos da cultura existente e envolve as pessoas da empresa na identificação do PORQUÊ.

Dividimos nossa abordagem da Descoberta do Porquê em três capítulos que tratam das categorias mencionadas. Se você é um fundador, um empreendedor ou um funcionário, logo você é uma pessoa e usará o processo de Descoberta do Porquê *individual*, tratado no Capítulo 3. Se você é parte de uma equipe, de um grupo ou de uma divisão de uma empresa maior, use a Abordagem *Tribal*, tratada nos Capítulos 4 e 5. A Abordagem Tribal também é o método que você deve usar se quiser descobrir o PORQUÊ da organização e o fundador não estiver mais presente.

Mas, antes da divisão entre indivíduos e tribos, saltemos para o âmago do processo, os passos básicos que *todos* devem seguir.

Passo 1: Selecione histórias e compartilhe-as

Cada um de nós tem apenas um PORQUÊ. Não se trata de uma declaração do que *aspiramos* a ser, mas da expressão de quem efetivamente *somos* quando estamos em nossa melhor forma. Se, como Steve, o vendedor de aço, você já está vivendo seu PORQUÊ inconscientemente, expressá-lo para si mesmo em palavras o tornará uma ferramenta ainda mais poderosa. E, se você está lutando para viver seu PORQUÊ, compreender finalmente seu propósito, causa ou crença o ajudará a mudar o curso e a se realinhar com uma nova perspectiva, um novo papel ou mesmo uma nova empresa – que poderão ser a forma de encontrar a sensação de realização que talvez lhe tenha escapado até agora.

Em seu âmago, o PORQUÊ é uma história de origem. Ao olhar para o passado e extrair os tópicos mais importantes – as experiências que tivemos, as pessoas que nos influenciaram, as vidas que tocamos e os altos e baixos que enfrentamos –, é possível identificar padrões. No caso dos indivíduos, o PORQUÊ é plenamente formado no final da adolescência. Para descobri-lo, precisamos reunir nossas memórias de maior destaque – os momentos que nos definiram – e examiná-las para encontrar as conexões. No caso das tribos, o PORQUÊ também vem do passado – da história original de como a companhia foi fundada ou de histórias específicas compartilhadas por outros membros que representam o que os deixa orgulhosos de fazerem parte da tribo. De qualquer maneira, descobrir o PORQUÊ é como peneirar ouro no rio do passado: o ouro está lá, perdido nos detritos do rio, escondido pela água corrente. E ele só vai se transformar num tesouro quando você dedicar tempo a peneirar em busca dos momentos mais significativos do passado, recuperando-os, uma pepita de cada vez.

Líderes são aqueles que têm a coragem de ir na frente e abrir um caminho a ser seguido pelos outros.

Quanto mais específicas as memórias, melhor. "Nossa família viajava de carro todo verão" – não, isso é genérico demais para ser útil. "Nossa família sempre viajava de carro. Certa vez, o carro quebrou no deserto e precisamos pegar carona até Albuquerque. Fiquei com muito medo, mas lembro de ter pensado que precisava ser forte para minha irmã mais nova não ficar com medo também, então inventei um jogo para nos entreter" – esse é o tipo de detalhe específico que você precisará! Redescobrir os detalhes, as sensações, as conversas e as lições aprendidas oferecerá pistas para desvendar quem você é e qual é o seu PORQUÊ. Quanto mais histórias você conseguir recuperar e compartilhar, mais dados compilará. E quanto mais dados houver para analisar, maior a facilidade com que você começará a discernir as ideias e os temas recorrentes.

Faça um esforço de memória para lembrar as histórias que fizeram diferença na sua vida. Algumas recordações podem ser especialmente relevantes, mas muitas não serão. O que importa é a *qualidade* da memória, os detalhes específicos dos quais você se lembra e a emoção forte que sente ao contá-la a outra pessoa. Como é muito difícil ser objetivo e ver o fio condutor principal que conecta nossas histórias, sugerimos, quer você siga o processo individual ou tribal, que trabalhe com um parceiro ou com um facilitador, respectivamente.

Você deve estar se perguntando: "Hum, isso vai demorar tanto quanto uma terapia freudiana?" Relaxe, não há necessidade de divã. Você vai se lembrar do máximo de memórias específicas e impactantes que conseguir – ao menos 10. Depois de anotar todas, escolherá cinco ou seis que fizeram a maior diferença na sua vida e as compartilhará com o máximo de detalhes que conseguir.

Passo 2: Identifique temas

Alguma vez você já chegou de uma festa e se deu conta de que se divertiu muito – principalmente porque conheceu alguém que o fez falar sobre a história da sua vida ou suas experiências em seu negócio? Parte da diversão da noite (além do prazer de ouvir a si mesmo falar) pode ter sido o fato de que, ao ouvir suas histórias, seu ouvinte tenha criado uma ideia de quem você é – e a maneira como ele o viu pode ter sido surpreendente. Em vez de ser apenas o irmão do meio, por exemplo, você se se revelou a cola que mantinha os irmãos unidos. Em vez de apenas um entre muitos funcionários, você se revelou o recém-contratado que chegou e fez todos seguirem em uma nova direção dizendo: "Por que vocês sempre fazem isso *desse* jeito?"

Reconectar-se com seu passado para descobrir seu PORQUÊ pode ser divertido da mesma maneira. À medida que você peneirar a memória em busca das suas histórias e as compartilha, temas começarão a surgir, insights sobre si mesmo ou sua equipe que você talvez nunca tenha expressado. À medida que o processo se desenrolar, uma ou duas pepitas parecerão brilhar com mais intensidade do que as outras. Elas parecerão maiores, mais importantes. O brilho será tão forte que você apontará para elas e dirá "Esse sou eu – é isso que sou" ou "Isso somos nós – essa é nossa equipe". Esses temas se tornarão então os alicerces de sua Declaração do Porquê.

Passo 3: Faça um rascunho e refine uma Declaração do Porquê

Com uma ou duas pepitas brilhantes na mão, você está pronto para começar sua Declaração do Porquê. Tente fazer com que a sua seja:

- simples e clara
- executável
- focada no efeito que você provocará nos outros, e
- expressa numa linguagem afirmativa que evoque suas emoções.

Por fim, você vai estruturar sua Declaração do Porquê neste formato:

_____ **DE MODO QUE** _____.

Sim, é só isso. Não precisa de 15 parágrafos. Basta uma frase. É claro que simples não necessariamente significa fácil. Em uma frase, é mais difícil fazer rodeios, se esquivar ou se esconder atrás de jargões obscuros. Uma frase é o menor denominador comum e costuma ser mais sincera. E, se você conseguir encaixar seu PORQUÊ em uma frase, estará muito mais propenso a lembrar e agir em função dele.

Entraremos em maiores detalhes nos capítulos posteriores. Por ora, vamos apenas explicar um pouco como isso funciona. A primeira lacuna representa a *contribuição* que você traz para a vida dos outros. A segunda representa o *impacto* da sua contribuição. Portanto, sua Declaração do Porquê poderia ser "Terminar todos os projetos antes do prazo e abaixo do orçamento, de modo que eu possa ser promovido e ganhar o suficiente para guardar dinheiro e pagar a faculdade dos meus filhos"? Não. Ainda que agora você considere essa a verdade, sua Declaração do Porquê vai além disso. Ela é duradoura e deve valer tanto para sua vida pessoal quanto para a profissional. É uma declaração do seu valor no trabalho, assim como a razão pela qual seus amigos amam você. Não temos um PORQUÊ profissional e um PORQUÊ pessoal. Somos quem somos em qualquer lugar. Sua contribuição não é um produto ou um serviço. É aquilo em torno do qual tudo que você faz – as decisões que toma, as tarefas que executa, os produtos que vende – se alinha para produzir o impacto que você vislumbrou.

Vamos olhar de outro ângulo, analisando a Declaração do Porquê de uma pessoa real. É assim que Simon Sinek expressa seu PORQUÊ: *Inspirar pessoas a fazerem as coisas que as inspiram, de modo que, juntos, possamos mudar o mundo.* O impacto que Simon busca é que cada um de nós mude o mundo – de maneiras grandes e pequenas – para melhor. Fantástico! Mas esse objetivo é amplo e abstrato demais por si só. É a contribuição de Simon, o que ele realmente faz na manhã de segunda-feira para que a mudança aconteça, que dá direção ao impacto que ele deseja. A parte da contribuição – inspirar os outros – dá a ele o foco do qual precisa. Os livros que ele escreve, as palestras que faz e os workshops que conduz são O QUE ele faz – tudo imbuído da sua causa: inspirar as pessoas. E quanto mais eficiente ele for ao inspirar os outros, maiores as chances de que cada pessoa atraída por seu trabalho faça uma mudança para melhor no mundo.

O formato "_____ **DE MODO QUE** _____" funciona para todo mundo. É a maneira mais simples de codificar nossa vocação. Seja um indivíduo ou uma tribo, quando trabalhamos com um

PORQUÊ claro em mente, chegamos todos os dias no trabalho com a sensação de que somos parte de algo maior.

★ ★ ★

Muitos de nós somos como Steve, o homem do aço: mesmo que estejamos vivendo o nosso PORQUÊ, podemos achar difícil articular em palavras específicas nossa contribuição e nosso impacto. O processo de Descoberta do Porquê – individual ou tribal – é projetado para ajudar você a colocar em palavras todas aquelas intuições, todas as coisas que o inspiram. Para isso, você precisará de:

- **Um bom parceiro ou facilitador:** Escolha alguém que vai estimulá-lo a pensar além da superfície, a sair da sua zona de conforto e a descobrir as memórias e experiências que são a fonte do seu PORQUÊ. Muito provavelmente, será seu parceiro ou facilitador, e não você, quem conseguirá olhar objetivamente e ver os temas nas suas histórias.

- **Tempo suficiente:** Quanto tempo é suficiente? Difícil dizer. Muito provavelmente, mais de seis minutos e menos de seis horas.

Vamos mapear todos os detalhes necessários nos capítulos seguintes. Tudo que pedimos, por enquanto, é que você confie no processo. Ele funciona.

CAPÍTULO 3

....

Descoberta do PORQUÊ para indivíduos

Esta seção é para qualquer indivíduo que queira descobrir seu PORQUÊ pessoal. O processo é o mesmo para empreendedores, funcionários, estudantes ou pais e mães que ficam em casa cuidando dos filhos. Se quiser descobrir o PORQUÊ de uma equipe ou um grupo, siga para o próximo capítulo.

O processo de Descoberta do Porquê é mais eficaz se você está plenamente preparado. Veja o diagrama abaixo para ter uma ideia de como funciona. Em seguida detalharemos cada um dos sete passos.

ENCONTRE SEU PARCEIRO → **INSTRUA SEU PARCEIRO** → **ESCOLHA UM HORÁRIO E UM LUGAR** → **SELECIONE SUAS HISTÓRIAS**

COMPARTILHE SUAS HISTÓRIAS → **IDENTIFIQUE SEUS TEMAS** → **FAÇA UM RASCUNHO DO SEU PORQUÊ**

Encontre seu parceiro

Lembre-se: para encontrar seu PORQUÊ, você precisa peneirar em busca de ouro no rio do seu passado, recordando histórias da sua vida e da sua carreira das quais seus temas significativos possam emergir. Somente você pode rememorar essas histórias, mas, quando se trata de interpretá-las, um segundo par de olhos e ouvidos – um parceiro – tem um valor inestimável. Ao escutar suas histórias, o parceiro pode oferecer uma perspectiva quase impossível de você conseguir ver por conta própria.

Encontrar o parceiro *certo* é parte importante do processo. Isso não significa que você precisa encontrar um psicólogo ou um coach; basta que seja alguém que genuinamente queira ajudá-lo a encontrar seu PORQUÊ (a "Seção do Parceiro", na página 41, vai ensinar a seu parceiro o que fazer). O papel do parceiro será tomar notas enquanto você compartilha suas histórias e fazer perguntas que o ajudarão a encontrar um sentido mais profundo e alguma relevância nelas. O parceiro está ali como um facilitador para guiar você durante o processo de identificar o fio condutor principal, os temas e ideias recorrentes que são a base do seu PORQUÊ.

Você não precisa conhecer bem seu parceiro, mas recomendamos que seja alguém com quem se sinta confortável em compartilhar informações e sentimentos pessoais. Embora pareça contraintuitivo, não recomendamos um parceiro que o conheça bem *demais*. Pela nossa experiência, cônjuges, parentes próximos e melhores amigos têm dificuldade em ser objetivos. Você não quer alguém que possa ficar tentado a contar suas histórias por você ou a corrigi-las. Os **melhores parceiros** são aqueles que vão ouvir suas histórias pela primeira vez. Eles vão escutar e tomar notas à medida que você as recorda. Mais uma vez: deve ser alguém que genuinamente queira ajudá-lo a descobrir seu PORQUÊ.

> Os melhores parceiros são naturalmente curiosos, o que os torna excelentes ouvintes e ótimos em fazer perguntas. Alguém que esteja tentando conhecê-lo um pouco melhor quase sempre fará perguntas mais investigativas, inesperadas e meticulosas do que alguém que ache que já sabe tudo sobre você.

Instrua seu parceiro

Logo depois que seu parceiro aceitar seu convite, recomendamos que você lhe mostre a palestra de Simon no TED para que ele possa compreender o conceito básico do Círculo Dourado. Peça que seu parceiro leia a seção a seguir antes de vocês iniciarem o processo, para que ele esteja preparado para o papel que desempenhará na atividade.

★ ★ ★

SEÇÃO DO PARCEIRO

Seja bem-vindo

Obrigado por concordar em ajudar alguém a descobrir e a começar a articular seu PORQUÊ – o propósito, a causa ou crença que o motiva. Para nós (Peter e David), auxiliar pessoas nesse processo é uma das coisas mais inspiradoras que fazemos em nosso trabalho. Amamos a oportunidade de estabelecer uma parceria com uma pessoa e ver seu olhar se iluminar ao finalmente conseguir expressar seu PORQUÊ em termos claros. Embora tenhamos feito isso centenas de vezes, sempre é inspirador. Agora você será o parceiro (estaríamos mentindo se disséssemos que não estamos com uma ponta de inveja). Portanto, divirta-se e desfrute do presente que está prestes a dar a alguém.

Ao final do tempo que vocês passarão juntos, o objetivo é ter nas mãos um rascunho da Declaração do Porquê da pessoa que você está ajudando. O rascunho servirá como um filtro para as decisões dela, de modo a possibilitar que ela encontre o máximo possível de felicidade e realização no trabalho e na carreira.

Esta seção foi projetada para dar a você as dicas e as ferramentas para apoiar seu companheiro. Não se preocupe, você não precisa ser um terapeuta ou um coach para ser um excelente parceiro. Você só deve ter o desejo de ajudar seu companheiro a descobrir o PORQUÊ dele. Estaremos aqui para orientá-lo ao longo do processo, passo a passo. No Apêndice 2 deste livro, também incluímos um resumo com todas as dicas e perguntas para que não seja necessário retornar a este capítulo durante o processo de Descoberta do Porquê.

Em seu âmago, o PORQUÊ é uma história de origem. A pessoa que somos é a soma de todas as experiências que tivemos – as lições que aprendemos, os professores que passaram por nossa vida e as coisas que fizemos. Para ajudar seu companheiro, você precisará ouvir as histórias do passado dele. O PORQUÊ dele representa quem ele é em sua melhor forma e será revelado por meio das histórias e experiências específicas que o afetaram e moldaram quem ele é.

Seu papel

Seu papel principal é escutar as histórias e fazer perguntas meticulosas que ajudem seu companheiro a investigar mais fundo para descobrir o significado por trás de cada memória. Enquanto escuta, você tomará notas, identificando temas, ideias, palavras ou frases recorrentes nas histórias. Esses tópicos vão se entrelaçar e formar um fio condutor principal capaz de definir quem seu companheiro é em sua melhor forma.

Durante o processo, é essencial que você deixe de lado seus preconceitos. Não permita que o que você sabe sobre a pessoa – ou mesmo o que acha que sabe – atrapalhe sua objetividade. O mais importante é estar totalmente presente, o que significa que você evitará distrações e permanecerá concentrado na tarefa em questão. O processo de Descoberta do Porquê não é uma sessão de terapia nem um momento de orientação. Não é a hora de dar opiniões e conselhos ou resolver problemas. Seu trabalho é ser um ouvinte ativo.

Como ser um ouvinte ativo

Escutar ativamente significa escutar mais do que as palavras estão dizendo. Trata-se de compreender o significado, a motivação ou a emoção por trás do que é dito. Algumas das técnicas de escuta ativa são simples: manter o contato visual, oferecer confirmações verbais e não verbais de que você está ouvindo – por exemplo, falando coisas como "Continue" ou concordando com a cabeça à medida que compreende o que é dito – e pedir mais detalhes sobre o que aconteceu ou o que o outro sente a respeito. Preste atenção especial a deixas *não verbais*. Expressões faciais, linguagem corporal e até mesmo pausas longas servem como pistas para indicar o que a pessoa sente em relação a cada história.

Você vai escutar algumas das mais importantes histórias da vida do seu companheiro e elas podem despertar sentimentos fortes. Orgulho, amor, realização, medo, noção de pertencimento, solidão – tudo isso, e mais, pode vir à tona de diferentes maneiras. Algumas pessoas ficam mais animadas – gesticulam mais, sentam na beira da cadeira, levantam a voz –, enquanto outras podem ficar com a fala embargada ou adotar um tom de voz mais suave e reflexivo. Não será possível anotar tudo que será dito. No entanto, assegure-se de anotar o que estiver sendo falado quando você captar um sinal visual ou emocional. Essas dicas podem ser detalhes importantes para a hora de começar a encontrar o fio condutor principal.

Como investigar mais fundo

As pessoas costumam começar suas histórias com fatos objetivos – o que aconteceu, como aconteceu e quem estava presente. É o que fazemos naturalmente ao contarmos histórias. Embora esses detalhes sejam importantes para definir o contexto do que será compartilhado a seguir, eles não são muito úteis para chegar ao PORQUÊ – que está ligado a sentimentos e sensações. Compartilhar sentimentos é uma parte muito importante do processo. O objetivo é ajudar a pessoa a expressar o que sentiu no momento. É muito difícil se conectar emocionalmente quando falamos em generalidades. Nunca é demais enfatizar que as histórias precisam ser *bem específicas*. Por exemplo, seu companheiro pode dizer: "Eu costumava visitar meus avós todo verão, nas férias. Era muito divertido." Como parceiro, você não vai conseguir tirar muita informação daí. Você quer que a pessoa se conecte com um verão particular, com um acontecimento pontual ou uma interação específica. Se o primeiro relato for isento de emoções, tente investigar mais a fundo, perguntando algo como: "De todos os verões que você passou com seus avós, conte-me sobre *o que* mais se destaca." O objetivo é que ele realmente seja específico, o que pode soar mais como: "Eu me lembro do verão em que eu tinha 13 anos. Eu acabara de fazer aniversário e era considerado oficialmente um adolescente. Sentia que já era adulto e queria fazer coisas de gente grande. Lembro de trabalhar no jardim com meu avô. Ele me deixou usar o cortador de grama e senti que confiou em mim para algo importante. Aquilo me deu uma sensação de autoconfiança." Note que há muito mais a se explorar nessa versão da história.

DICA PARA O PARCEIRO

Se você perceber que seu companheiro está começando a falar em generalidades ou a responder sem ser específico, não deixe para lá só para ser gentil. Isso vai dificultar a descoberta do PORQUÊ dele e tornar ainda mais difícil ligar seus temas às histórias, o que é muito importante. Lembre-se, o PORQUÊ não é quem aspiramos a ser, mas quem de fato somos. As histórias são provas tangíveis de quem seu companheiro realmente é.

Se ele lhe disser de cara como a experiência o fez se sentir, não aceite prontamente o que é dito; faça perguntas em busca de esclarecimento. Muitas vezes, a expressão de sentimentos indica uma lição subjacente e significativa ou uma relação específica que simboliza quem ele realmente é hoje. Se as emoções são a fumaça proverbial, o significado por trás delas é o fogo. E, onde há fumaça, há fogo.

Cabe a você fazer perguntas até descobrir por que aquela história específica é significativa. Eis algumas perguntas que podem ser úteis (você pode encontrar um resumo de todas as dicas e perguntas no Apêndice 2):

- Como você se sentiu?

- O que você mais amou nessa experiência?

- Provavelmente você já sentiu isso antes. O que torna essa história especial? (Por exemplo, se ele disser "Me senti orgulhoso", você pode perguntar o que havia de diferente na sensação de orgulho em relação às outras vezes que ele a sentiu.)

- Como essa experiência afetou você e a pessoa que se tornou?

- Qual lição tirou dessa experiência e carrega consigo até hoje?

- De todas as histórias que você poderia ter dividido comigo, o que torna essa especificamente tão especial para você escolher contá-la?

- Se alguma outra pessoa tiver um papel de destaque na história, pergunte que diferença ela fez na vida de seu companheiro ou o que ele ama ou admira nela.

Você vai saber que está chegando a algum lugar quando seu companheiro começar a falar menos sobre o que aconteceu e mais sobre como se sentiu em relação ao que ocorreu. Pode ser algo como "Senti-me realmente pleno por fazer parte daquilo" ou "Fiquei muito frustrado ao saber que decepcionei meus pais". É esse tipo de afirmação que você vai usar para fazer a investigação. Por exemplo, o que ele quer dizer por "pleno" ou "chateado"? Você pode presumir que sabe, mas a definição dele pode ser diferente da sua. Portanto, faça uma pergunta que evoque informações mais específicas, como:

- Diga-me o que quis dizer quando disse "Senti-me realmente pleno".

- Provavelmente você já tinha se sentido frustrado antes. Descreva como esse sentimento específico de frustração foi tão diferente que ainda lhe vem à mente tantos anos depois.

Você poderá ouvir histórias que não serão particularmente afetuosas nem felizes. Isso é normal. Há muito a aprender sobre alguém a partir de suas experiências positivas e negativas. Sua função como parceiro é ajudar a "ver" as lições ou mesmo o lado positivo dos momentos difíceis. Por exemplo, fizemos o processo da Descoberta do Porquê com uma pessoa que, quando perguntada sobre uma experiência feliz da infância, respondeu que tivera uma infância horrível. Depois, ela começou a relatar as histórias do pai que a maltratava muito fisicamente. Em todos os relatos, no entanto, ela sempre mencionava como protegia a irmã do pai. Ela nunca se dera conta da existência desse padrão. Assim que chamamos a atenção dela para o lado bom, o brilho positivo numa experiência tão sombria, ela começou a chorar. Ela é quem é hoje porque aprendeu a proteger aqueles que não podiam fazer isso por si próprios. Tanto memórias alegres quanto tristes, tanto histórias de oportunidades quanto de dificuldades oferecem uma chance de aprender sobre quem uma pessoa é e como ela se tornou esse alguém. Todos os caminhos levam ao PORQUÊ.

Quanto mais você capturar os temas ou os sentimentos despertados por eles, mais fácil será elaborar uma Declaração do Porquê que seja autêntica.

Além dos temas recorrentes aos quais você estará atento em cada história, há dois outros elementos principais que você deve procurar: contribuição e impacto. Eles são as peças que vão construir a Declaração do Porquê final – a contribuição que a pessoa traz para a vida dos outros e o impacto dessa contribuição ao longo do tempo. Nós a escrevemos no seguinte formato:

_____ **DE MODO QUE** _____.

A contribuição é a primeira lacuna e o impacto é a segunda. Por exemplo, Simon Sinek, autor de *Comece pelo porquê*, expressa seu PORQUÊ com as seguintes palavras: *Inspirar pessoas a fazerem as coisas que as inspiram, de modo que, juntos, possamos mudar o mundo*. A contribuição de Simon é o que ele faz ativamente pelos outros (buscar inspirá-los) e o impacto é o que acontece quando a contribuição é feita (muitas pessoas trabalhando juntas para mudar o mundo).

Com isso em mente, faça o que puder para descobrir o que seu companheiro está dando ou recebendo de alguém em cada história (a contribuição) e que diferença isso pode ter feito para ele ou para outros (o impacto). Você começará a detectar um padrão capaz de ajudá-lo a compreender a contribuição e o impacto do PORQUÊ dele. Quase sempre há uma deixa emocional, verbal ou não, quando um ou ambos entram em questão.

Algumas dicas para fazer ótimas perguntas:

- **Faça perguntas abertas.** As melhores perguntas são as que não podem ser respondidas com sim ou não. Elas exigem que a pessoa forneça mais informações. Nos nossos workshops, muitas vezes ouvimos pessoas fazerem perguntas como: "Isso deixou você com raiva, não é?" Essa pergunta é inútil por três motivos: pode ser respondida com sim ou não, presume que você sabe como a pessoa responderá e "conduz a testemunha". O outro pode concordar com você, embora pudesse ter respondido de outra maneira caso a pergunta fosse aberta. Lembre-se de que o objetivo desse processo é chegar ao âmago de quem ele é, e não de quem você pensa que ele é. Em vez de conduzir a testemunha, experimente algo como: "Ajude-me a entender como você se sentiu."

- **Evite perguntas que comecem com "por que".** Isso pode parecer contraintuitivo, já que vocês estão fazendo uma Descoberta do Porquê. Porém há um problema com perguntas que começam com "por que". Ironicamente, elas são mais difíceis de responder. "Por que essa história é importante para você?", por exemplo, ativa a parte do nosso cérebro que não é a responsável pela linguagem. É mais fácil responder a uma pergunta que comece com "o que". Por exemplo: "O que nessa história realmente importa para você?" Trata-se basicamente da mesma pergunta, mas formulada de uma maneira mais fácil de responder, que permite que a pessoa fale mais especificamente sobre os elementos da história que foram significativos. Experimente as duas formas e verá na prática o que queremos dizer.

- **Fique sentado em silêncio.** Se você fizer uma pergunta e perceber que seu companheiro está tendo dificuldade para responder, deixe-o enfrentar a dificuldade. Embora sinta-se inclinado a ajudar a preencher o silêncio, não faça isso. Resista à tentação de preencher o silêncio com outra pergunta ou uma sugestão de resposta. Em vez disso, apenas espere. Emoções são difíceis de articular e a pessoa pode levar algum tempo para formular as palavras certas. Às vezes, o silêncio é a melhor ferramenta que você tem para fazê-la lhe contar mais. Domine-o.

Como tomar notas

(P.S.: Esta é a última parte – está quase terminando!)

Surpreendentemente, o formato que você utilizar para tomar suas notas pode ser muito útil quando chegar a hora de ajudar seu companheiro a juntar tudo. Você pode tomar notas como quiser, é claro, mas consideramos o seguinte formato particularmente útil. Talvez você também ache.

Desenhe uma linha vertical do topo até a parte inferior da página de anotações (há um exemplo para você no Apêndice 2). À esquerda da linha, anote os detalhes factuais da história (por exemplo, a formatura na faculdade). À direita, concentre-se nos sentimentos, emoções ou interpretações do significado da história do seu companheiro (por exemplo, gostou de ter deixado o avô orgulhoso). No lado direito, você também pode anotar qualquer palavra, frase ou deixas verbais ou não verbais que surjam mais de uma vez. Separar suas anotações dessa maneira torna mais fácil revisá-las no fim e identificar os elementos mais importantes para o processo de Descoberta do Porquê (dica: tudo que é essencial estará na coluna da direita).

À medida que tomar notas de várias histórias, você vai começar a reparar quais temas, frases ou ideias se repetem com mais frequência. Sublinhe, circule, destaque ou faça uma marca ao lado de cada uma dessas palavras ou frases. Isso pode ajudá-lo a identificar rapidamente os temas que conduzirão posteriormente ao PORQUÊ. Além disso, para cada história, escreva "contribuição" ou "impacto" na coluna da direita, de modo a se lembrar de não seguir para a história seguinte até que esteja claro o que seu companheiro deu ou recebeu (a contribuição) e que efeito isso teve nele ou em outras pessoas (o impacto).

Oferecemos a você muitos detalhes para ser o melhor parceiro possível. Lembre-se, isso é realmente importante para seu companheiro e ele pediu a *sua* ajuda. Isso é uma honra. O mais importante é que você tenha curiosidade genuína, além de um desejo de ajudar a pessoa com quem está trabalhando. Quem sabe – talvez, depois que tudo estiver terminado – você fique inspirado a encontrar seu próprio PORQUÊ.

★ ★ ★

Escolha um horário e um lugar

Que tal o café que fica a meio caminho entre o seu escritório e o do seu parceiro? Definitivamente não. Vocês estão prestes a ter uma conversa íntima. Barulho e distrações apenas a tornarão mais difícil, ainda que vocês possam tomar um cappuccino enquanto isso. Além disso, você vai revelar muitas informações pessoais – por que fazê-lo em um local onde todas aquelas pessoas podem estar ouvindo você? Escolha um lugar onde seja possível se concentrar e onde se sinta livre para compartilhar histórias pessoais em voz alta.

Embora um telefonema ou uma videoconferência com seu parceiro funcionem, sugerimos muito que vocês se encontrem pessoalmente. Desse modo, fica mais fácil para seu parceiro captar sua linguagem corporal (não apenas as expressões faciais) e outras deixas visuais que só estão disponíveis se vocês estiverem no mesmo ambiente. Caso precisem trabalhar remotamente, acomode-se em um local silencioso e sem distrações e peça que seu parceiro faça o mesmo.

Reserve tempo suficiente – ao menos três horas. Sim, é um grande comprometimento, mas não há um atalho para descobrir seu PORQUÊ. Pense no processo como se exercitar. Quanto mais tempo você dedica a ele, mais você ganha. Não é o tipo de coisa que desejaria fazer às pressas.

Como você aprendeu no Capítulo 2, há três passos para descobrir seu PORQUÊ (selecionar histórias, identificar temas, fazer um rascunho da Declaração do Porquê). O processo funciona melhor quando você completa os três passos em uma única sessão. Se parar depois de duas ou três histórias, por exemplo, e tentar retomar o processo após alguns dias, precisará entrar novamente no modo "contador de histórias". Na verdade, recomendamos que você passe pelos três passos sem interrupção (exceto por alguns intervalos e pausas para esticar as pernas, é claro). Identificar os temas logo depois de contar suas histórias é muito mais fácil do que tentar retomar a tarefa posteriormente. De maneira similar, será mais fácil redigir sua Declaração do Porquê se os temas e padrões recorrentes que emergiram das histórias ainda estiverem frescos na mente.

Desliguem seus telefones, removam qualquer distração e aproveitem o processo.

Selecione suas histórias

Antes de se encontrar com seu parceiro, você precisa fazer uma pequena preparação. Seu PORQUÊ nasce das suas experiências passadas. Ele é a soma das lições que você aprendeu, das experiências que teve e dos valores que adotou à medida que amadurecia. Você está procurando histórias que joguem luz em quem você é em sua melhor forma. Conforme for recordando histórias que se encaixem nesse objetivo, tome notas para que possa se lembrar delas rapidamente quando se sentar com seu parceiro. Eis algumas orientações para reunir o tipo de história que vai conduzi-lo ao seu PORQUÊ.

- Pense em experiências e pessoas específicas na sua vida que de fato moldaram quem você é hoje. Você pode escolher um acontecimento que foi obviamente importante, como o dia em que teve a ideia para montar sua companhia, ou um acontecimento menos óbvio, como uma conversa definitiva que teve com seu chefe. Se o acontecimento significou algo para você, se o ajudou a se tornar quem você é, ensinou-lhe alguma coisa ou o deixou orgulhoso, anote-o. Ao lembrar das pessoas que foram mais influentes na sua vida, tente recordar pontos específicos sobre o que elas disseram ou fizeram que marcaram tanto você.

- Como o seu PORQUÊ vem do seu passado, que é o período desde o seu nascimento até ontem, você pode selecionar histórias de qualquer ponto entre esses dois marcos. As memórias podem vir da escola, de casa, do trabalho ou de qualquer outra área da sua vida. Você pode se lembrar de momentos ou acontecimentos que revisitaria de bom grado ou recuperar memórias de episódios dolorosos que jamais gostaria de reviver. O que os dois tipos de experiência têm em comum é que, boas ou ruins, elas ajudaram a formar quem você é hoje.

O objetivo do exercício de seleção de histórias é terminar com pelo menos cinco histórias que você considere as mais impactantes da sua vida. Quanto mais histórias tiver, mais fácil será para seu parceiro detectar os padrões e temas que vão conduzi-lo ao seu PORQUÊ.

Anote suas histórias à medida que se lembrar delas. Ao começar, mantenha em mente que todos os caminhos levam ao PORQUÊ. Portanto, não pense demais. Você pode listar suas histórias de modo cronológico ou aleatório. Não se preocupe em anotar todos os detalhes. Uma ou duas frases simples para cada uma são suficientes. A meta é simplesmente ter um ponto de partida para compartilhar as histórias com seu parceiro. Quando fizer isso, aí, sim, poderá incluir todos os detalhes e explorar qualquer memória adicional que surgir.

Eis dois métodos de seleção de histórias que achamos úteis. É possível usar um deles, ambos ou nenhum:

> **Nossas dificuldades são os passos de curto prazo que precisamos dar no caminho para o sucesso de longo prazo.**

Método 1: Altos e baixos

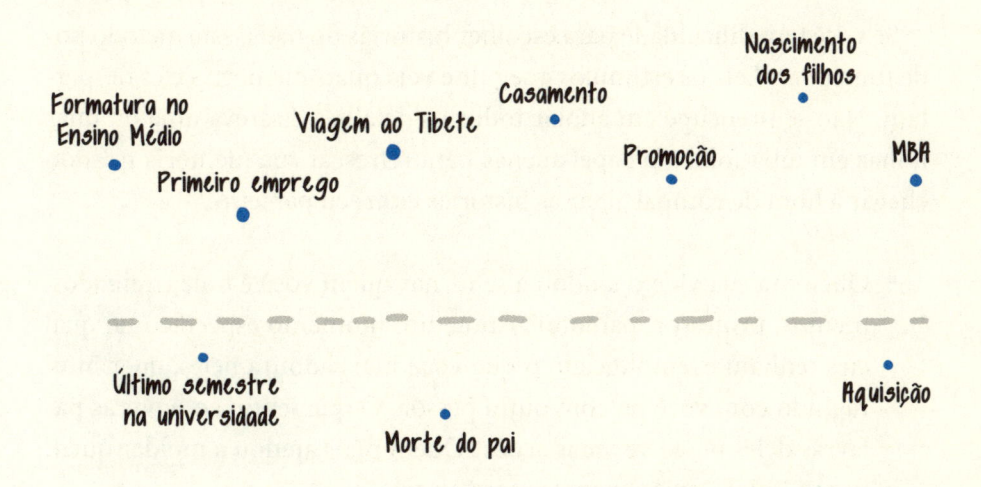

```
                                        Nascimento
                                        dos filhos
                          Casamento         •
Formatura no      Viagem ao Tibete
Ensino Médio            •                               MBA
    •                           Promoção                 •
        Primeiro emprego           •
              •
- - - - - - - - - - - - - - - - - - - - - - - - - - -
       •                                         •
Último semestre                               Aquisição
na universidade       •
                  Morte do pai
```

Desenhe uma linha horizontal ao longo de uma folha de papel. As histórias que você colocar acima da linha são as que considera memórias felizes: momentos que reviveria com entusiasmo. As histórias abaixo da linha são acontecimentos que não necessariamente desejaria reviver, mas que impactaram sua vida e moldaram quem você é hoje. Escreva algumas palavras para sintetizar cada história à medida que for preenchendo o gráfico. Quanto mais alto você posicionar as histórias acima da linha, mais realizadoras e positivas elas foram. Quanto mais abaixo ficarem as histórias, mais desafiadoras ou difíceis elas foram. Você provavelmente terminará com histórias em vários níveis.

Quando chegar a hora de escolher quais delas vai contar ao seu parceiro, opte pelos altos mais altos e os baixos mais baixos. Essas são as histórias que carregam mais emoção e, portanto, as que conduzirão mais claramente ao seu PORQUÊ. É provável que você não compartilhe todas as histórias que anotou no papel. Na verdade, você também pode compartilhar as que lhe ocorram espontaneamente quando estiver com seu parceiro. Tudo bem. Esse exercício é apenas um ponto de partida para que o processo comece a fluir.

Método 2: Estimular a memória

Se você tem dificuldade para escolher histórias do nada, este método pode funcionar. Leia os estímulos a seguir e veja quais memórias eles despertam. Não se preocupe em anotar todos os detalhes. Escreva uma ou duas linhas em uma folha de papel apenas para refrescar sua memória quando chegar a hora de compartilhar as histórias com seu parceiro.

- Quem na sua vida o ajudou a se tornar quem você é hoje (treinador, mentor, professor, parente)? Anote um momento específico no qual eles tenham exemplificado o que você mais admira neles, quer interagindo com você ou com outra pessoa. O que sentiu ao ouvir as palavras deles ou ao ver suas ações? Quem mais ajudou a moldar quem você é hoje? Repita quantas vezes quiser.

- Pense em um dia de trabalho no qual, enquanto voltava para casa, você poderia ter dito para si mesmo: "Eu teria feito isso de graça." O que aconteceu naquele dia para que você sentisse isso?

- Pense no seu pior dia no trabalho – o tipo de dia pelo qual você espera nunca mais passar. O que aconteceu?

- Qual é a mais antiga memória feliz – e *específica* – da infância que lhe vem à mente?

- Que experiência da época da escola você amou?

- Qual foi um momento crucial na sua vida, em que você se deu conta de que nada jamais seria como antes?

- O que aconteceu que mudou seu modo de pensar sobre o mundo e seu papel nele?

- Qual foi um momento em que você se dedicou a ajudar outra pessoa e depois se sentiu incrivelmente bem – como se tivesse feito algo que importasse?

- O que você realizou de que realmente sente orgulho? (Assegure-se de fazer um lembrete mental de quem estava envolvido. Por exemplo, quem ajudou você, quem o estimulou ou quem o estava esperando na linha de chegada.)

Com seu gráfico ou lista de histórias em mãos, você estará pronto para compartilhá-las com seu parceiro. Mas lembre-se: não analise exageradamente sua seleção de histórias antes de se encontrar com ele. Uma das principais razões para trabalhar com um parceiro é ter alguém que possa encontrar significados que você não consegue ver e oferecer insights objetivos e sem preconceitos. Se você chegar ao momento de contar histórias da sua Descoberta do Porquê com ideias preconcebidas sobre como suas memórias se encaixam, há o risco de acabar contando-as de uma maneira que prove sua teoria. Relaxe e deixe seu parceiro identificar os temas. Você é o contador de histórias; seu parceiro é o intérprete.

DICA DE COMPARTILHAMENTO

Um pequeno truque que pode ajudar no processo é circular suas três histórias mais impactantes e contá-las primeiro ao seu parceiro. Ao se concentrar nas histórias mais intensas, você evitará a tentação de contar histórias que simplesmente pareçam se encaixar.

São as pequenas coisas que importam

> David conduziu um workshop de Descoberta do Porquê com um homem chamado Todd. O que segue é uma história que Todd contou a David. É o tipo de relato que poderia ser seu. Muitas pessoas pensam que precisam contar histórias grandiosas de acontecimentos importantes para descobrir o próprio PORQUÊ. O legal deste exemplo é que, embora pareça uma história relativamente pequena no grande esquema das coisas, David conseguiu usá-la para ajudar a encontrar o fio condutor principal que ajudou Todd a articular o PORQUÊ dele.

Antes desta história, Todd compartilhou outros detalhes da sua vida. Ele ingressou na faculdade com uma bolsa integral como jogador de basquete, que acabou perdendo devido ao vício em álcool e drogas. Sua intenção era chegar à NBA, de modo que o vício não só acabou com sua carreira na faculdade, como também destruiu seus sonhos e sua identidade. Ele estava trabalhando num bar, ainda lutando contra as drogas e o alcoolismo, e considerava cometer suicídio quando a seguinte história aconteceu:

Todd: Eu tinha saído do trabalho e estava dirigindo por uma estrada sinuosa a caminho de casa numa manhã de sábado. Passei por uma menininha vendendo limonada na calçada. Em qualquer outro dia, eu teria passado direto. Por algum motivo, naquele dia, tive um impulso inexplicável de retornar e dar a ela todos os meus trocados.

Parei o carro diante da barraquinha de limonada e perguntei quanto custava um copo. "Vinte e cinco centavos", respondeu ela. Então eu disse que queria um. Ela caminhou de volta até a barraquinha para pegar meu copo de limonada e, enquanto ela fazia isso, peguei todas as moedas de 25 centavos que tinha no porta-copos do carro. Elas estavam se acumulando por causa de todas as gorjetas que recebo no trabalho. Devia ter quase 40 dólares ali. A menina me entregou o copo de limonada e coloquei um punhado de moedas em suas mãos pequeninas. E depois mais um punhado. E mais outro. A cada vez, eu via os olhos dela se iluminarem. Ela deu meia-volta e entrou correndo em casa, toda empolgada.

Fui embora me sentindo bem, como você pode imaginar. Mas então aconteceu algo que eu não esperava. De repente, fui tomado pela emoção. Comecei a chorar incontrolavelmente. Estava chorando tanto que precisei parar o carro de novo. Foi incrível.

David: Uau. Isso parece intenso. Tenho certeza de que houve outras coisas no seu passado que o fizeram chorar. De todas as histórias que poderia ter compartilhado comigo, o que há nessa história especificamente que o fez escolhê-la para me contar?

Todd: Foi a primeira vez na vida que senti que tinha feito algo por outra pessoa. Foi a primeira vez que eu não me coloquei em primeiro lugar. Foi um grande grito de alerta para mim. Aquilo iluminou minha alma e, pela primeira vez, senti que eu tinha valor. Eu queria muito ajudar os outros a sentirem que também tinham valor. Queria ajudar os outros a sentirem que poderiam fazer e ser mais. A partir daquele momento, eu quis compartilhar com o mundo o que sentia.

No final da Descoberta do Porquê, David descobriu que o serviço ao próximo era o fio condutor de muitas das histórias mais significativas de Todd. Assim como fez com a menininha que vendia limonada, o PORQUÊ de Todd é *despertar a imaginação das pessoas sobre o que é possível de modo que elas possam encontrar a motivação para fazer mais com a própria vida*. O que há de mágico no PORQUÊ de Todd é que ele é exatamente o que lhe aconteceu. A imaginação dele foi despertada e ele ficou motivado a fazer mais com a própria vida.

Compartilhe suas histórias

(É aqui que seu parceiro entra em cena)

Sua preparação está concluída. Agora está na hora de se sentar com seu parceiro e encontrar seu PORQUÊ. Pode ser desconfortável compartilhar tantas coisas sobre si mesmo, mas você não precisa abandonar totalmente a zona de conforto – só queremos que force um pouquinho os limites. Se algumas histórias forem pessoais demais para serem reveladas, não as conte. Mas, no que diz respeito às que decidir compartilhar, saiba que quanto mais você se abrir, mais fácil será para seu parceiro perceber os padrões significativos. Escolha histórias que você se sinta bem de compartilhar. Mas, quando o fizer, permita-se estar vulnerável o bastante para que o processo funcione. Você poderá se surpreender ao descobrir como é capaz de se abrir no decorrer do processo.

Ser específico é fundamental. É preciso enfatizar isso. Quando você fez sua lista ou gráfico de histórias, dissemos para não se preocupar com os detalhes. Agora, é a hora de se aprofundar. Conte suas histórias com o máximo de detalhes que conseguir. Não estamos falando para você mencionar a temperatura num dia específico ou a roupa que estava usando (a menos que sejam pontos particularmente importantes da história). Embora esse tipo de informação possa ajudar a estabelecer o contexto, a informação na qual estamos realmente interessados vai muito além da superfície. Como os sentimentos estão no âmago do seu PORQUÊ, é crucial que você se conecte visceralmente com suas memórias e com as emoções do momento. Histórias específicas permitirão que você faça isso de uma maneira que afirmações genéricas não permitem. Eis alguns exemplos:

- **Afirmação genérica:** Costumávamos ir para a casa dos meus avós todos os anos no Natal. Era gostoso estar cercado por uma família amorosa.

- **História específica:** Costumávamos ir para a casa dos meus avós todos os anos no Natal. Eu tinha 9 anos no último Natal em que meu avô estava vivo. Ele era uma força poderosa na minha vida, e não estou certo de que tenha me dado conta disso antes de ele partir. Tínhamos uma relação ótima, mas só agora vejo como sou parecido com ele. Vovô era uma figura louca e excêntrica que seguia o próprio ritmo. As pessoas diziam que ele era estranho ou esquisito, mas ele sempre me pareceu perfeitamente normal. Lembro-me de ficar sentado com ele no sofá – só nós dois. Eu também era uma criança estranha, na escola me chamavam de esquisito. Mas me sentia seguro com ele – sentia orgulho de ser quem eu era, orgulho de ser diferente. Achar que ele era a pessoa mais legal do mundo me deu confiança para ser esquisito sem medo. Se ele era estranho e incrível – ora, é melhor então eu ficar logo confortável em ser quem eu sou se quiser ter o mesmo impacto nos meus filhos ou netos algum dia.

- **Afirmação genérica:** Quando eu era criança, amava ginástica olímpica. Praticava por 4 horas todos os dias. Era desafiador, mas muito gratificante.

- **História específica:** Quando eu era criança, amava ginástica olímpica. Os treinos eram longos e intensos. Lembro de um dia em que eu e minha equipe estávamos trabalhando em saltos com o técnico mais exigente de todos. Ele era um sujeito muito difícil de agradar. Era muito duro comigo. O que eu fazia nunca era bom o bastante para ele. Às vezes, sentia que estava pegando no meu pé, que era mais duro comigo do que com o resto do pessoal. Não importava quanto eu me esforçasse, nunca era o suficiente. Saltar, especialmente manobras aéreas como saltos mortais, não era o meu forte. Mas eu insistia pois estava determinada a provar para aquele cara que eu era boa. Foi quando aconteceu. Lembro como se fosse ontem. Após uma volta minha, meu técnico se ajoelhou ao meu lado e disse para o resto da equipe: "É assim que se faz!" Nunca senti tanto orgulho. Naquele momento, entendi que ele era mais duro comigo não porque não gostasse de mim, mas porque acreditava em mim. Ele exigia mais de mim pois sabia que eu tinha a ética do trabalho e que tinha talento. Em vez de me dizer isso, ele queria que eu percebesse sozinha. Naquela hora, me dei conta de que a disciplina e o trabalho duro que minha família me ensinava em casa eram muito importantes. Acho que foi quando realmente aprendi sobre determinação. Ainda fico arrepiada ao pensar naquele dia.

- **Afirmação genérica:** Amo meu trabalho. Viajei para muitos lugares incríveis e para alguns não tão glamourosos também. No entanto, estou sempre conhecendo pessoas interessantes e inspiradoras. O salário também não é ruim!

- **História específica:** Amo meu trabalho. Viajo para alguns lugares maravilhosos, mas, mesmo quando meu destino não é glamouroso, acontecem coisas inspiradoras. Lembro especificamente de ir a uma cidade que não estava muito animado para visitar. Era uma comunidade rural pequena e pensei: "Bem, às vezes a gente ganha, às vezes a gente perde." No evento do qual participei, conheci um técnico de futebol americano de uma universidade próxima. O cara era incrível. Quando conversamos, ele compartilhou a história mais maravilhosa sobre como faz as coisas. Ele coordena o time como um programa de desenvolvimento humano e liderança. Para a maioria dos técnicos só importa vencer ou perder. Aquele técnico se importava em primeiro lugar com o crescimento de seus jogadores. Se eles ganhavam, ele não deixava a vitória lhes subir à cabeça. Se perdiam, aproveitava a derrota como uma oportunidade de aprendizado. E a melhor parte é que isso tem um impacto enorme nos jogadores. Eles não só conseguem um desempenho melhor como time como a maioria deles também está se saindo melhor na faculdade e até nas relações pessoais, tudo graças ao técnico de futebol americano. Foi uma das histórias mais inspiradoras que já ouvi. E nem sou fã de esportes!

As versões genéricas dessas histórias dizem mais ou menos o mesmo que as versões específicas. Mas repare na profundidade da emoção expressada nas segundas. Investigar mais fundo evoca a maneira como você realmente se sentiu.

À medida que compartilhar suas histórias específicas, seu parceiro deve tomar notas sobre as situações e circunstâncias que você descreve, além dos sentimentos trazidos por elas. Correndo o risco de chover no molhado, essas notas serão muito úteis na identificação das conexões materiais *e* emocionais entre suas histórias. O objetivo não é você simplesmente descrever o que fez, mas revelar quem você é.

Dedique o tempo que for necessário para contar cada uma das suas histórias por completo e se aventurar para além da sua lista original. Quando estiver compartilhando, você poderá se lembrar de experiências das quais tinha esquecido. Conte essas histórias também. Lembre-se: todos os caminhos levam ao PORQUÊ. Não existem regras fixas e rápidas para as histórias que você conta. Quer venham da sua preparação ou de memórias espontâneas, qualquer episódio significativo pode ajudar a solidificar temas ou introduzir novos elementos a serem considerados. Quanto mais histórias conseguir compartilhar com seu parceiro, mais fontes você terá para encontrar seu fio condutor principal. E quanto mais claro ele ficar, mais precisa será sua Declaração do Porquê.

Identifique seus temas

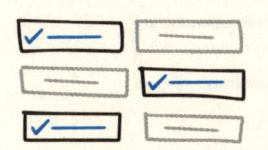

O próximo passo na sua Descoberta do Porquê é identificar temas: as ideias, palavras, frases e sentimentos recorrentes que emergiram das suas histórias. Seu parceiro deve tomar a frente durante essa parte do processo. Lembre-se de que ele tem uma objetividade que você não tem, simplesmente porque você está perto demais para ver os padrões. Enquanto você está ocupado descrevendo as árvores, seu parceiro tem uma visão melhor da floresta.

Isto acontece toda hora com pessoas que querem descobrir o próprio PORQUÊ: muitas acham que podem desempenhar os dois papéis – contador de histórias e parceiro. Elas tentam analisar as próprias histórias e identificar os temas sozinhas. Não conhecemos uma única pessoa, contudo, que tenha sido bem-sucedida nisso. (Mas conhecemos várias que alegaram ter conseguido e depois nos vieram com uma Declaração do Porquê sobre seu negócio, sua família ou algum objetivo que queriam alcançar. Quando pressionadas, suas declarações ou sua "paixão" por suas declarações desmoronava.) Mesmo quando Simon estava desenvolvendo muitas das técnicas para descobrir seu PORQUÊ, ele pediu que alguém ouvisse suas histórias e o ajudasse a encontrar seu fio condutor principal.

Mais uma vez: concentrado em escutar e tomar notas, seu parceiro tem o benefício da objetividade. Muitas vezes, ele está ouvindo aquelas histórias pela primeira vez, livre de fatores complicadores como a própria história pessoal, inseguranças ou vaidade. É por esse motivo que os temas tendem a parecer mais óbvios para ele.

Assim como não há histórias erradas, não há temas errados. Se algo surgir mais de uma vez, tome nota. Não há limites para o número de temas que suas histórias podem oferecer. Talvez você termine com 8, 10, 15 ou mais. Tudo bem. O primeiro passo para você e seu parceiro é tomar nota de todos os temas.

✓ Ajudar os outros

✓ Ver o quadro geral

✓ Testar os limites

Com todos os seus temas reunidos num só lugar, parem um pouco para revisá-los. Em alguns casos, o tema estará presente em todas as histórias. No entanto, seu parceiro deverá ser capaz de ligar cada tema a pelo menos duas das histórias que você contou. Lembre-se de que uma ideia se torna um tema quando aparece em pelo menos duas histórias supostamente sem relação.

Com todos os temas listados, circule um ou dois que pareçam maiores do que o resto – os que saltam da página. Aqueles que o inspiram ou parecem definir você e aquilo com que mais se importa. Existe algum tema que você ame mais do que os outros? Peça ao seu parceiro para avaliar quais parecem mais importantes com base nas histórias que você contou. Juntos, escolham um tema que pareça sua contribuição única e um tema que capture o impacto. Agora você está pronto para redigir sua Declaração do Porquê.

Espere um segundo, você pode estar pensando. Se esses serão os únicos dois temas usados na Declaração do Porquê, por que meu parceiro precisa se dar o trabalho de anotar todos os outros? E se eu realmente amar temas que não foram parar na minha Declaração do Porquê... vou simplesmente jogá-los fora? Não se preocupe! Há uma razão importante para que seu parceiro anote todos os seus temas, e não, eles não serão jogados fora. Como veremos em um capítulo posterior, eles se tornarão seus COMOs.

Faça um rascunho do seu PORQUÊ

Depois que tiver definido seus temas mais abrangentes, é hora de transformá-los em um rascunho da sua Declaração do Porquê. Como indicamos no capítulo anterior, recomendamos que seu primeiro rascunho siga este formato:

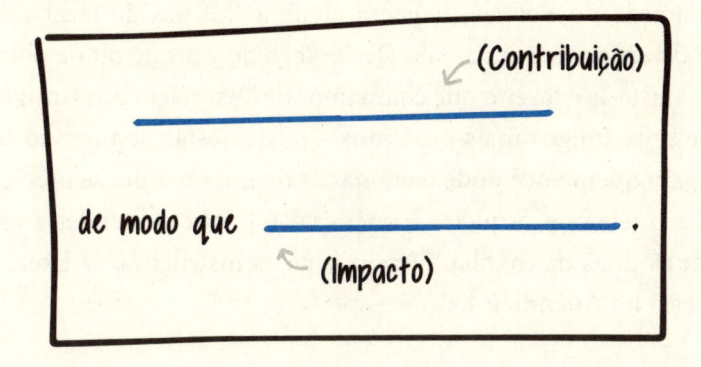

```
_____ (Contribuição)

de modo que _____ (Impacto).
```

Essa é a maneira mais fácil de garantir que sua declaração seja simples, executável e focada em como você afeta os outros positivamente.

Com seus temas mais abrangentes em mente e esse formato diante de você, dedique alguns minutos a escrever um primeiro rascunho da sua Declaração do Porquê. Seu parceiro, trabalhando separadamente, deve fazer o mesmo. A importância de cada um escrever primeiro sozinho é que seu parceiro pode articular seu PORQUÊ de maneira diferente de você. Seja a palavra perfeita ou uma frase de efeito, achamos que ter duas visões um pouco diferentes de uma Declaração do Porquê é na verdade muito útil. O princípio é o mesmo de levar um amigo para fazer compras com você. Ele pode escolher uma roupa para a qual você não teria olhado duas vezes, mas então você a experimenta e fica perfeita.

Dediquem cerca de cinco minutos a trabalhar cada um em sua declaração. Só cinco minutos, pois não faz sentido pensar demais nessa etapa. Depois reúna-se novamente com seu parceiro e compartilhem suas declarações. Após considerar as duas Declarações do Porquê, você pode escolher adotar uma ou outra, ou combiná-las.

Lembre-se de que o objetivo desse rascunho não é chegar à perfeição. A meta é se aproximar e elaborar algo que *pareça* correto. As palavras exatas podem mudar – e provavelmente mudarão – à medida que você passar tempo com seu PORQUÊ, a refletir sobre ele e, mais importante, a colocá-lo em ação. É disso que trata o último passo.

Refine sua Declaração do Porquê

Depois que tiver um rascunho, a etapa final do processo é testar e refinar sua Declaração do Porquê. Existem algumas formas de fazer isso. Uma maneira divertida de validar sua Declaração do Porquê ou de obter ideias de como ajustá-la é fazer o que chamamos de "Exercício dos Amigos". Para isso, liste seus amigos mais próximos – os que estão sempre ao seu lado, aqueles para quem você pode telefonar às duas da manhã se precisar e que atenderão o telefone. Aqueles a quem você também atenderia caso telefonassem às duas da manhã. Depois, siga as instruções. O Exercício dos Amigos está no Apêndice 4.

O Exercício dos Amigos

O exercício funciona melhor se feito pessoalmente, com um amigo de cada vez. Certifique-se de oferecer um contexto e explicar a ele um pouco do processo pelo qual você está passando. Diga que tipo de ajuda está esperando dele em sua jornada. Por enquanto, não revele seu PORQUÊ. Você não quer influenciar as respostas dele.

Primeiro, pergunte: "Por que você é meu amigo?" Não fique surpreso se seu amigo olhá-lo como se você tivesse três cabeças. Essa não é uma pergunta que a maioria dos amigos faz entre si e é mais difícil de responder do que imaginamos. Amizades se baseiam em sentimentos e, como sabemos, é difícil expressar sentimentos em palavras. Para que o exercício funcione, você precisa prosseguir, mesmo que vocês dois fiquem um pouco desconfortáveis.

Como já mencionamos, fazer uma pergunta começando com "por que" não nos conduz de fato ao PORQUÊ. Isso acontece porque uma pergunta desse tipo lida com emoções e costuma evocar respostas vagas ou reativas. Por outro lado, fazer uma pergunta com "o que" evoca uma resposta mais meticulosa e exata. Agora repita a pergunta, dessa vez formulando-a com "o que": "O que em mim fez você escolher ser meu amigo?" Dessa maneira, seu amigo pode dizer algo como: "Não sei. Gosto de você. Posso confiar em você. Gostamos das mesmas coisas. E nos damos muito bem!" Essa é uma resposta lógica, mas, obviamente, esses são os elementos básicos de quase todas as amizades. Continue a fazer o papel de advogado do diabo, sempre formulando suas perguntas de "por que" com "o que". Por exemplo, se você quiser perguntar "por que...", pergunte "o que a respeito de...". Dê continuidade com algo como: "Ótimo, você acaba de definir o que significa ser um amigo! Mas *o que em mim* especificamente?"

Seu amigo provavelmente vai gaguejar e ter dificuldades por um minuto, talvez até cite mais atributos de amigos em geral. Pode ser que isso continue assim e você fique cada vez mais tentado a livrar a cara dele, mas seja firme: "Sim, mas o que *especificamente* em mim?" Pressione-o para além das respostas racionais.

Há duas maneiras de saber que você está chegando perto do que estamos buscando. A primeira é quando seu amigo fica em silêncio e começa a olhar para o chão ou para o teto, aparentando estar totalmente sem palavras. O que está realmente acontecendo é que ele está se conectando aos próprios sentimentos em relação a você e se esforçando para colocá-los em palavras. Se tentar preencher o silêncio fazendo outra pergunta ou comentário, você vai interromper esse processo tão importante. Em vez disso, deixe seu amigo ficar em silêncio até colocar para fora o que quer dizer. Digamos que, a certa altura, seu amigo passe das generalidades, como "Temos o mesmo senso de humor", para algo específico, como "Você realmente me faz rir... o que é divertido, mas também me faz perceber que vemos o mundo da mesma maneira. Quando lhe conto o que meu chefe me disse semana passada e você faz uma piada, eu não apenas acho graça, mas também me sinto tranquilizado de que o maluco é o meu chefe, não eu".

E isso remete à segunda coisa à qual você deve estar atento, que é uma mudança perceptível no foco do seu amigo. Em algum ponto, ele deixará de descrever você e, aparentemente, começará a descrever a si mesmo. No exemplo acima, quando ele diz "sinto-me tranquilizado de que o maluco é meu chefe", seu amigo não está falando da sua personalidade, mas sobre como você faz com que ele se sinta e a diferença que tem na vida dele. Em outras palavras: seu amigo está articulando sua contribuição única para ele. Você atingiu a profundidade suficiente quando tem uma reação emocional a qualquer coisa que ele diga – podem ser arrepios ou um nó na garganta. Isso acontece porque ele colocou em palavras o real valor que você tem na vida dele. Ele afirmou o seu PORQUÊ com as próprias palavras e, como o PORQUÊ existe na parte do cérebro que controla as emoções, não a linguagem, você tem uma reação emocional. Esse é um importante divisor de águas. É uma maneira maravilhosa de ver como você tem vivido o seu PORQUÊ sem sequer se dar conta.

É muito provável que os temas e padrões que surgirão do Exercício dos Amigos sejam parecidos, se não exatamente iguais, ao que você e seu parceiro descobriram durante o processo de Descoberta do Porquê. Mas talvez seu amigo use uma palavra ou expressão da qual você goste mais. Caso pareça apropriado, vá em frente e incorpore as palavras dele à sua Declaração do Porquê. Por outro lado, se o exercício trouxer temas diferentes, isso também é algo a se considerar. Será que algum desses temas é mais adequado para você do que os que você identificou durante a Descoberta do Porquê? Caso seja, talvez você e seu parceiro precisem explorar um pouco mais.

Além do Exercício dos Amigos, também pode ser útil deixar sua Declaração do Porquê de lado por alguns dias. Pense nela como se fosse um bolo. Quando você tira um bolo do forno, não pode cortá-lo e comer um pedaço de imediato. Ele estará quente demais e vai se esfarelar. O bolo precisa de um tempo para esfriar e ficar firme. Seu PORQUÊ também é assim. Dê algum tempo para que ele esfrie e fique firme antes de começar a usá-lo.

Muitas vezes, o primeiro rascunho de uma Declaração do Porquê soa um pouco genérico. Enquanto você estiver trabalhando em seu PORQUÊ, tente analisar as palavras para encontrar uma linguagem que seja mais autêntica para você, que capture seus sentimentos de maneira mais completa. Às vezes, fazemos uma pequena brincadeira e perguntamos às pessoas se gostam o bastante das palavras em sua Declaração do Porquê a ponto de querer tatuá-las. Se a resposta for não, então você ainda não encontrou as palavras que "ama" e com as quais se identifica. Você quer realmente *amar* as palavras, especialmente as da sua contribuição.

Ao revisar sua Declaração do Porquê, consulte outra vez suas histórias. Isso vai ajudá-lo a se assegurar de que qualquer mudança não dilua a exatidão da declaração. No final, o objetivo de refinar sua Declaração do Porquê não é fazer com que ela *soe* melhor, mas fazer com que ela transmita uma *sensação* melhor.

Quanto tempo leva para refinar sua Declaração do Porquê? Não podemos dizer ao certo, pois o processo é diferente para cada um. Encontrar as palavras perfeitas para seu PORQUÊ pode levar semanas ou meses. Você pode passar por uma versão ou uma dúzia. Isso provou ser verdadeiro até para os membros da equipe Start With Why.

Veja David, por exemplo. A Declaração do Porquê dele era assim:

Incentivar mudanças positivas de modo que as pessoas possam viver uma vida mais realizada.

Essa declaração estava perto do ideal, mas a expressão "vida mais realizada" não parecia exatamente certa para David. Era abrangente demais e, para ele, parecia um pouco lugar-comum. Então ele passou mais algum tempo explorando. Ele precisou responder às perguntas: "Quando eu 'estimulo mudanças positivas', o que estou realmente fazendo? E, já que estou falando nisso, o que significa 'uma vida mais realizada'?" Ele viveu com sua Declaração do Porquê e a repetiu e implementou – fazendo pequenos ajustes o tempo todo até chegar a algo que considerasse ter ainda mais a ver com ele do que a versão anterior.

A resposta resultou em uma revisão da sua Declaração do Porquê original:

Incentivar as pessoas a progredirem de modo que elas possam deixar sua marca no mundo.

David percebeu ao refletir mais profundamente sobre sua escolha de palavras que, para ele, estimular pessoas a viver uma vida realizada significava ajudá-las a ser um pouco melhores do que eram no dia anterior, de modo que tivessem um impacto positivo maior nos outros – e essa definição específica de "realização" está claramente explicada na segunda versão. É por isso que a segunda Declaração do Porquê de David é mais forte do que a primeira, pois é ao mesmo tempo mais precisa e mais pessoal.

Refinar seu PORQUÊ pode torná-lo mais poderoso para você, como ocorreu com David. Mas isso não o tornará mais válido ou executável. As palavras não precisam ser perfeitas para que comecemos a colocá-las em prática. Como disse o ex-secretário de Estado Colin Powell: "Posso tomar uma decisão com 30% da informação. Qualquer coisa além de 80% é demais." Na verdade, à medida que você viver com seu PORQUÊ, mais fácil ficará encontrar as palavras perfeitas, pois você estará mais consciente do seu objetivo e de como está tentando alcançá-lo. Portanto, dedique algum tempo a trabalhar em sua Declaração do Porquê, mas não tempo demais. A razão para encontrar seu PORQUÊ é que você possa agir em função dele.

CAPÍTULO 4

Descoberta do PORQUÊ para grupos

PARTE 1: A ABORDAGEM TRIBAL

Neste capítulo, ajudaremos você a se preparar para a Abordagem Tribal do processo de Descoberta do Porquê. No Capítulo 5, guiaremos você pelos passos específicos para conduzir o workshop. A Abordagem Tribal é indicada para qualquer grupo que queira articular seu propósito, sua causa ou crença comum – colocar em palavras a cultura de uma organização quando ela está operando em sua melhor forma, ainda que a organização não esteja apresentando um desempenho nesse nível. Definimos uma "tribo" como *qualquer grupo de pessoas que se reúnem em torno de um conjunto comum de valores e crenças*. Uma tribo pode ser uma organização inteira ou uma pequena equipe. Muitas vezes, sua posição dentro da empresa define quem você considera um integrante da sua tribo. Se você é o presidente executivo de uma organização, todos que trabalham nela são sua tribo. Se você é diretor de uma divisão, as pessoas que trabalham nela são os membros da sua tribo. Se você é o líder ou membro de uma equipe, a equipe é sua tribo. Se a estrutura da sua empresa não for tão claramente definida, baseie-se no que pareça certo. É possível que um membro da equipe se encaixe em mais de uma tribo. Em resumo: uma tribo é o grupo ao qual você sente que pertence.

Neste ponto, você pode estar pensando que isso parece um daqueles problemas matemáticos que precisava resolver na escola. O propósito de fazer uma Descoberta do Porquê Tribal é simplificar as coisas, não acrescentar complexidade. Para ajudar a explicar a ideia, usamos um conceito chamado "PORQUÊs Aninhados", que só devem ser usados se realmente aprofundarem a relação das pessoas com o PORQUÊ da empresa e com o papel que desempenham nela. Se o PORQUÊ mais abrangente for suficiente para inspirar as pessoas em toda a organização, adote-o.

PORQUÊs Aninhados: Definindo uma parte do todo

Uma organização tem um PORQUÊ. E, dentro dela, há equipes – subculturas que existem dentro do grupo maior. Cada uma dessas partes do todo terá o próprio PORQUÊ. Chamamos isso de **PORQUÊ Aninhado** – o propósito, a causa ou crença que define um subgrupo dentro da organização maior. E dentro de cada uma dessas equipes há pessoas que também possuem um PORQUÊ único – seu PORQUÊ individual. O objetivo é que cada indivíduo trabalhe para uma empresa em cuja cultura se encaixe – compartilhando seus valores, acreditando em sua visão *e* se sentindo reconhecido e valioso na equipe de que faz parte.

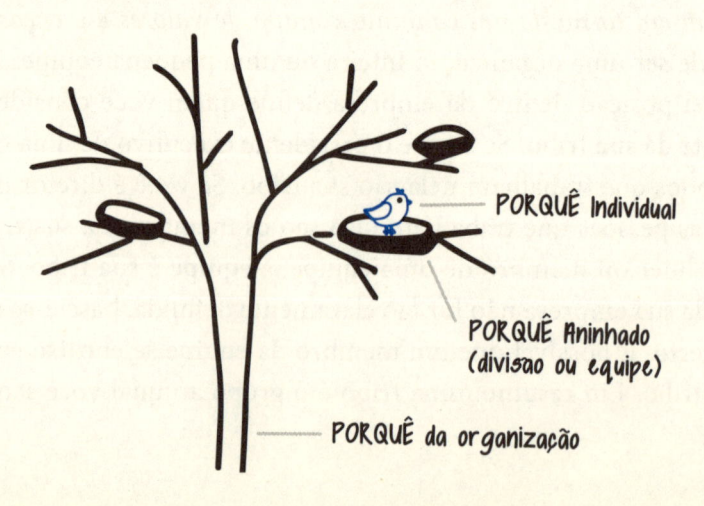

Um PORQUÊ Aninhado sempre *serve* ao PORQUÊ mais abrangente da organização, sem nunca *competir* com ele.

PORQUÊ Individual

PORQUÊ Aninhado
(divisão ou equipe)

PORQUÊ da organização

O motivo para articular um PORQUÊ Aninhado é o mesmo pelo qual uma organização desejaria articular um PORQUÊ abrangente – pois ele oferece às pessoas um senso de identidade e de pertencimento. Ele permite que equipes e grupos se identifiquem com as pessoas com as quais trabalham todos os dias, ajudando-os a compreender sua contribuição única como um grupo distinto da visão maior.

Pense na organização como uma árvore. As raízes e o tronco representam sua origem e fundação. Existem galhos na árvore – eles são suas divisões e seus departamentos. Nos galhos, há ninhos – eles são as subculturas ou equipes da árvore. E dentro de cada ninho há uma família de pássaros que pertencem ao mesmo grupo. O objetivo para nós como indivíduos é conhecer nosso PORQUÊ de modo que possamos encontrar com mais facilidade a árvore *e* o ninho certos. O objetivo de uma organização é conhecer seu PORQUÊ para atrair os pássaros certos. E o objetivo de cada equipe dentro da companhia é se assegurar de que os pássaros certos estejam em cada ninho – aqueles que vão trabalhar juntos de maneira mais eficiente para contribuir para o propósito e a causa maiores da organização.

É possível para uma pessoa estar na companhia certa mas no ninho errado. Isso pode prejudicar seu desempenho, seu moral e sua autoconfiança. Ajudá-la a saber a qual ninho deve se juntar ou em qual grupo, equipe ou subcultura se encaixa melhor é parte do quebra-cabeça de construir uma organização próspera. Algumas organizações transformaram em ciência o processo de atrair e contratar as pessoas que melhor se encaixam. Contudo, a arte está em saber onde na companhia elas trabalharão em sua melhor forma. Simplesmente contratar alguém que se encaixe bem é apenas parte do trabalho. Também é importante saber em que parte da companhia a pessoa trabalhará em sua melhor forma e sentirá que está contribuindo de uma maneira que a inspire também. Na verdade, esse pode até ser o ponto mais importante.

Já trabalhamos com organizações que tinham uma noção muito vaga de seu PORQUÊ, em que a liderança não está tão interessada em coisas "sensíveis", como propósito, causa ou crença, e portanto as ignora. No entanto, os líderes de alguns subgrupos da companhia que acreditam nessas coisas dedicaram tempo a articular o PORQUÊ Aninhado de seus grupos.

Como seria de esperar, esses grupos costumam ter o moral mais elevado, são os mais produtivos e inovadores, apresentam as maiores taxas de retenção de talentos e, ao longo do tempo, estão entre os grupos com melhor desempenho dentro da companhia.

★ ★ ★

Simon Sinek, o fundador da nossa companhia, tem um PORQUÊ: *Inspirar pessoas a fazerem as coisas que as inspiram, de modo que, juntos, possamos mudar o mundo.* O PORQUÊ dele também é o da nossa companhia e todos acreditamos nele e o abraçamos. Na verdade, esse PORQUÊ é a base da visão que compartilhamos – construir um mundo no qual as pessoas acordem todas as manhãs inspiradas para ir ao trabalho, sintam-se seguras enquanto desempenham suas funções e voltem para casa realizadas pelo que fizeram. No entanto, dentro da nossa organização, temos equipes que costumam trabalhar juntas. E, com o passar do tempo, subculturas se formaram. O grupo no qual nós – Peter e David – trabalhamos tem um PORQUÊ Aninhado: lançar luz sobre o que é possível de modo que, juntos, possamos transformar o mundo. Essa é a contribuição única da nossa equipe para o propósito maior da companhia. As palestras, os livros e os workshops de Simon são muito inspiradores. Você vai notar que este livro está mais focado em esclarecer como efetivamente colocar em prática as coisas sobre as quais ele fala. Isso não é por acaso, mas nosso propósito aninhado – mostrar o caminho às pessoas – é o motivo pelo qual vamos trabalhar todas as manhãs. É assim que contribuímos para o propósito da nossa companhia.

Agora vamos dar um passo adiante. Nossa equipe inteira compartilha desse PORQUÊ Aninhado. No entanto, somos também indivíduos dentro desse ninho. Cada um de nós traz sua contribuição única para nosso PORQUÊ coletivo. Portanto, dentro da equipe, cada um de nós possui um PORQUÊ pessoal totalmente particular.

Tudo que Peter faz é projetado para *possibilitar que as pessoas sejam extraordinárias de modo que possam fazer coisas extraordinárias*. David levanta da cama todas as manhãs para *incentivar as pessoas a progredirem de modo que elas possam deixar sua marca no mundo*. Nós dois complementamos o PORQUÊ da nossa empresa. Enquanto Simon acende uma fagulha, nossa equipe ilumina e abana as chamas para mostrar às pessoas exatamente como dar vida à nossa visão. Cada indivíduo na nossa companhia conhece seu PORQUÊ individual, o PORQUÊ Aninhado da sua equipe e também a visão compartilhada que todos trabalhamos para levar adiante.

★ ★ ★

Eis alguns pontos a considerar antes de preparar o workshop da sua tribo se o seu objetivo for descobrir o PORQUÊ da organização inteira:

- Se o **fundador** ainda fizer parte da organização, realizar uma Descoberta do Porquê Individual com o fundador pode ser um ótimo ponto de partida. Fundar a organização foi apenas umas das coisas que ele fez para dar vida ao seu PORQUÊ – que vai oferecer o contexto e estará próximo do PORQUÊ da organização. Conduzimos alguns testes nos quais facilitamos uma Descoberta do Porquê com o fundador e, depois, usamos a Abordagem Tribal com um grupo maior. Quando a cultura é forte, é impressionante como os resultados são parecidos.

    Caso haja mais de um fundador, escolha o visionário. Muitas vezes, companhias são fundadas em pares. Há um visionário e um construtor (ou vários). Veja o Capítulo 12 de *Comece pelo porquê* para aprender mais.

- Se o fundador não estiver mais vivo ou não estiver disponível para ser consultado, a Abordagem Tribal é a melhor maneira para uma organização descobrir ou redescobrir seu PORQUÊ.

Eis algumas situações específicas nas quais um subgrupo pode considerar fazer uma Descoberta do Porquê Tribal para articular seu PORQUÊ Aninhado:

- Quando uma unidade ou divisão sente que descobrir seu PORQUÊ Aninhado poderia inspirar sua tribo a complementar o PORQUÊ claramente articulado da companhia e se identificar mais com ele. Lembre-se de que um PORQUÊ Aninhado sempre está subordinado ao PORQUÊ da organização. Se um subgrupo tentar tirar seu PORQUÊ Aninhado do vácuo sem considerar a razão pela qual seu grupo precisa existir dentro da companhia maior, ele talvez, sem querer, acabe trabalhando com um propósito diferente do resto da empresa. Isso pode gerar confusão. Os PORQUÊs Aninhados sempre devem complementar o PORQUÊ maior.

- A exceção à afirmação acima é quando uma unidade, divisão ou gerente intermediário dentro de uma organização deseja descobrir o PORQUÊ de seu subgrupo porque os líderes não estão interessados em articular o PORQUÊ geral da companhia. Se a organização maior realmente se perdeu, está operando sem uma clara noção de seu propósito e a liderança superior não tem intenção de realizar um processo de Descoberta do Porquê, qualquer líder ou membro de equipe pode se tornar o líder que desejaria ter. Embora não seja o ideal, essa é uma solução que já vimos inspirar outros grupos a fazerem o mesmo – e, quando tudo dá certo, a cauda abana o cachorro e a corporação como um todo segue o mesmo caminho.

Uma organização altamente disfuncional – talvez como resultado de uma fusão, aquisição ou outro acontecimento – *não* está operando em sua melhor forma. É provável que ela não possua um senso de propósito unificado, o que resulta em um grupo de indivíduos ou em grupos isolados que tentam levar adiante os próprios interesses. Ao lidar com esse tipo de situação, recomendamos adotar a Abordagem Tribal com um grupo menor que tenha conseguido manter uma liderança forte e uma cultura saudável dentro da organização. Ajudar esse grupo a articular seu PORQUÊ pode ser um primeiro passo na direção de **"fortalecer os influenciadores"**.

Se você quiser aprender mais sobre "o ponto da virada", Simon Sinek trata desse assunto no Capítulo 7 de seu livro *Comece pelo porquê*.

O que é ótimo em uma Descoberta do Porquê para um subgrupo dentro de uma organização (ou seja, de um PORQUÊ Aninhado) é que ele pode influenciar a companhia inteira a descobrir seu PORQUÊ. Quando uma única divisão começa a pensar, a agir e a se comunicar com base em seu PORQUÊ, coisas boas acontecem: o desempenho tende a melhorar, a inovação, a aumentar e a rotatividade de funcionários, a diminuir. A alta direção percebe que essas coisas estão acontecendo. Os funcionários em outras divisões também percebem, pois as pessoas no grupo que descobriu seu propósito passam a gostar mais de ir ao trabalho. Certa vez, depois de fazermos uma Descoberta do Porquê Tribal para uma divisão pequena, o telefone começou a tocar com funcionários de outras partes da companhia perguntando se havia alguma posição disponível lá. Portanto, a cauda pode abanar o cachorro – o que significa que um pequeno grupo de funcionários inspirados e dedicados pode ter um impacto positivo na organização como um todo.

No entanto, é possível que haja casos em que a cultura é tão fraca que não existe nenhum subgrupo adequado para uma Descoberta do Porquê Tribal. Nesse cenário, a única coisa que pode corrigir o rumo da companhia é uma liderança forte e visionária. Um líder forte, mesmo que não seja o fundador, tem o poder de dar um senso de propósito a uma empresa cujo PORQUÊ esteja faltando.

Fornecer um PORQUÊ a um grupo que nunca teve um é muito diferente de mudar um já existente. O PORQUÊ de uma companhia é formado por normas culturais, valores comuns e relações fortes, e um novo líder não pode simplesmente chegar e mudar essas coisas. Um líder *deve*, porém, oferecer um novo PORQUÊ quando o propósito original da companhia tiver sido completamente destruído por anos de mau uso e abuso. Em uma situação assim, o líder precisa completar uma Descoberta do Porquê Individual para depois poder liderar a companhia com base nesse PORQUÊ, e aqueles que se sentirem inspirados por ele o seguirão.

Embora seja raro, já encontramos algumas organizações completamente disfuncionais e fragmentadas, nas quais o medo, a desconfiança, a paranoia e o interesse próprio reinam. Em casos assim, uma Descoberta do Porquê se torna uma sessão de desabafo na qual as pessoas simplesmente colocam para fora suas frustrações, seus preconceitos e suas queixas de maneiras que não resultam em progresso nenhum. O que aconselharíamos uma empresa como essa a fazer é chamar um facilitador ou consultor externo capaz de ajudar os líderes a identificarem a causa subjacente desses vários problemas. Somente depois que essa análise mais profunda for concluída será criado um espaço para uma Descoberta do Porquê eficaz. Sem esse trabalho prévio, é quase certo que uma Descoberta do Porquê não será bem-sucedida – e depois do primeiro fracasso, é extremamente difícil ter sucesso na segunda tentativa. É muito mais fácil se preparar para o sucesso desde o começo, lidando primeiro com quaisquer problemas mais profundos.

Histórias incorporam o porquê

Peter realizou uma Descoberta do Porquê Tribal, ou organizacional, para uma companhia chamada La Marzocco. Antes do workshop, ele conversou com alguns membros da equipe de liderança para aprender um pouco sobre a história da companhia, pois os fundadores originais não estavam mais presentes. Em 1927, em Florença, na Itália, Giuseppe e Bruno Bambi fundaram a La Marzocco para construir artesanalmente máquinas de café expresso. No decorrer das décadas seguintes, a empresa empregou uma equipe de artesãos dedicados que têm sido um modelo de inovação nessa área. Suas máquinas ainda são construídas à mão, cada uma assinada por seu construtor, para serem compradas por aficionados por café e cafeterias especializadas de todo o mundo.

Peter usou a Abordagem Tribal no workshop e ouviu muitas histórias de funcionários tentando expressar em palavras o orgulho que sentem pela La Marzocco como organização. Ele ouviu alguém dizer: "Somos a Rolls-Royce dos fabricantes de máquinas de café e desenvolvemos um séquito de seguidores comparável ao da Harley-Davidson." Eles falaram sobre o orgulho incrível que os artesãos tinham de seu produto, explicando quanta atenção dedicam tanto às partes ocultas quanto ao exterior de aço inoxidável polido de cada máquina. E contaram histórias específicas sobre como os clientes compartilham desse entusiasmo. A equipe do departamento de customização falou sobre as máquinas que pintavam ou decoravam de acordo com o gosto de cada cliente. Alguém contou uma história sobre um cliente que tinha até uma tatuagem do logotipo da companhia no braço. Estava claro para Peter que a La Marzocco representa algo significativo tanto para os clientes em todo o mundo quanto para os funcionários. A parte difícil era colocar esse sentimento em palavras.

Peter estimulou os participantes do workshop a investigarem mais fundo. Ele disse: "A La Marzocco faz máquinas de café. Este é o O QUÊ da companhia, mas não a história completa. A empresa não se resume a pressionar um botão numa máquina de vendas, observar um copo de plástico cair e depois esperar que seja enchido por um programa de computador. Acho que tem mais a ver com baristas explicando a escolha de grãos e diferentes torras. Sinto uma onda de energia quando falamos sobre os proprietários das máquinas – indivíduos ou empresas – que investem tanta paixão e cuidado ao usá-las quanto os artesãos ao fabricá-las. Existe algo mais, vamos continuar seguindo em frente."

Um funcionário levantou a mão para compartilhar um relato que ele achava que realmente incorporava o que a La Marzocco representa. Ele falou sobre os eventos que a companhia patrocina sobre temas como liderança, comunidade e sustentabilidade. E contou uma história específica sobre um evento em um hotel em Milão no qual a empresa organizou uma exposição de fotografias de uma comunidade que plantava café na Tanzânia. Ele disse que a La Marzocco não apenas convidou os clientes e parceiros como também recebeu concorrentes. Um DJ foi trazido de uma estação de rádio de Seattle, pois a missão dele é cultivar a comunidade global por meio da música. E, é claro, havia café. Ele disse que o evento foi intenso, pois houve muitas oportunidades para as pessoas conversarem e se conectarem.

Logo após a história, outro membro da equipe disse: "A La Marzocco tem a ver com se sentar com os outros e se relacionar com eles tomando uma xícara de café. Trata-se de reunir as pessoas para saborear a vida."

Depois dessa afirmação, houve uma série de manifestações de aprovação. Algumas pessoas levantaram as mãos, outras aplaudiram.

Ao fim do workshop, tudo que fora descrito sobre a La Marzocco fez sentido quando a Declaração do Porquê da companhia foi lida: cultivar relações de modo que a vida dos outros fique mais rica. Sim, a La Marzocco produz máquinas de café. Isso é O QUE a companhia faz. Mas a razão POR QUE ela o faz é mais humana. Eles são obcecados por reunir as pessoas; essa é a causa da companhia, e as máquinas de café são o negócio que ela descobriu para ajudá-la a levar essa proposta adiante.

★ ★ ★

Agora que identificamos claramente qual é sua tribo, está na hora de preparar você para o workshop de Descoberta do Porquê Tribal. Antes de entrarmos nos detalhes, eis um guia para ajudá-lo a visualizar os passos que virão.

ENCONTRE SEU FACILITADOR

PREPARE-SE PARA A SESSÃO

CONVIDE OS PARTICIPANTES

Recomendamos que você se prepare com os seguintes passos:

Encontre seu facilitador

A Abordagem Tribal exige um facilitador. A pessoa ideal para esse papel é alguém em quem a organização confie e que tenha um desejo de servir, uma grande curiosidade natural e a capacidade de fazer perguntas incisivas. Embora um facilitador profissional possa trazer confiança e experiência para a tarefa, ele não é necessário para que o processo seja bem-sucedido. Se você não for um facilitador experiente, ou se não houver um disponível, não se preocupe! Escrevemos este livro para ajudá-lo a assumir a tarefa.

O facilitador deve ser objetivo, portanto pense em alguém que tenha um pouco de distanciamento e perspectiva – por exemplo, alguém de fora, alguém que não estava presente na fundação da companhia e não seja um dos executivos antigos. Isso assegura que o facilitador não traga sem querer preconceitos ou visões parciais para o processo. Em outras palavras: às vezes saber menos vale mais. Trabalhar com um facilitador objetivo também significa que ele deve poder *conduzir* o processo em vez de *fazer parte* dele.

Dito isso, sabemos que talvez não seja viável ou prático trazer alguém de fora. Se for esse o caso, você pode escolher um de seus colegas para atuar como facilitador ou decidir fazer isso você mesmo. Contanto que o fundamento do processo seja compreendido: que um PORQUÊ é descoberto, e não criado, e que o processo de Descoberta do Porquê não tem a ver com ao que a empresa aspira. Tampouco trata-se de um exercício de *branding* ou de marketing. Abordar o processo dessa maneira mina completamente tudo que torna um PORQUÊ verdadeiro tão cativante. O PORQUÊ é sobre quem somos, não sobre o que gostaríamos que a companhia se tornasse algum dia.

Quem quer que você escolha para a tarefa, o facilitador deverá liderar um grupo no contexto de um workshop. Isso exige um conjunto único de habilidades: a capacidade de gerenciar tempo e logística, de escutar ativamente e de fazer conexões a partir de vários colaboradores. O facilitador também precisa criar um ambiente "seguro" no qual as pessoas, independentemente da posição, do cargo ou da personalidade, sintam-se à vontade para compartilhar pensamentos e histórias.

Essa lista de capacidades e atributos pode parecer intimidadora, mas, na verdade, qualquer um que ame aprender e se sinta confortável trabalhando com um grupo deve ser capaz de conduzir uma Descoberta do Porquê Tribal. Obviamente, quanto mais prática o facilitador tiver, melhor. Acima de tudo, ele precisa ser profundamente curioso e ficar empolgado com a ideia de conduzir a sessão. Enfim, se você se *sentir* confortável com a pessoa, é provável que ela seja capaz de criar o ambiente capaz de promover uma excelente Descoberta do Porquê. Pense desta maneira: há muitos médicos igualmente bem qualificados por aí, mas, tendo a opção de escolher, selecionaremos um em vez de outro. Por quê? Porque gostamos de como aquele médico faz com que a gente se *sinta*. Aplique o mesmo pensamento ao selecionar seu facilitador e você estará em ótima posição para seguir adiante.

O restante deste capítulo e o capítulo seguinte são dirigidos ao facilitador da Descoberta do Porquê Tribal. Com base no que leu até agora, se você sentir que não é o encaixe ideal para esse papel, escolha alguém que seja e peça que essa pessoa leia a próxima seção e os outros capítulos ao qual ela faz referência. Se você planeja fazer o papel do facilitador, continue lendo. O restante deste capítulo e o Capítulo 5 têm o objetivo de preparar o facilitador para conduzir o processo de Descoberta do Porquê para tribos.

Prepare-se para a sessão

É uma honra ser convidado para assumir o papel de facilitador num workshop de Descoberta do Porquê. Recomendamos algumas coisas para assegurar que você esteja plenamente preparado. Além de ler este capítulo, você também deve ler o Capítulo 3, que explica o processo de Descoberta do Porquê Individual. Você não vai seguir os passos daquele capítulo para esse workshop específico, mas quanto mais familiarizado estiver com os fundamentos do processo de descoberta, mais bem equipado estará para conduzir a tribo através dele. Se estiver disposto e o tempo permitir, antes de realizar a Descoberta do Porquê Tribal, sugerimos que você pratique conduzindo alguns indivíduos – colegas, amigos ou conhecidos – pelo processo individual.

Antes de chegar ao processo propriamente dito no Capítulo 5, há algumas tarefas importantes que você, no papel de facilitador – ou alguém que o esteja ajudando dentro da organização –, precisa realizar:

- Convidar os participantes
- Agendar tempo suficiente
- Encontrar o local ideal
- Preparar a sala antecipadamente

Convidar os participantes

A Abordagem Tribal exige ao menos 10 a 15 participantes, mas pode acomodar até 30. Se passar desse número, vai precisar de um facilitador muito experiente, alguém habilidoso em manter o foco de grupos grandes – do contrário, o processo pode se tornar longo, incômodo e confuso. Portanto, se for a sua primeira vez desempenhando a tarefa de facilitador do processo (ou mesmo se tiver feito isso poucas vezes), limite o grupo a no máximo 30 pessoas.

Por que não deve haver menos de 10 pessoas? O trabalho dos participantes é gerar histórias que sejam uma representação diversificada da organização. Lembre-se de que estamos tentando captar uma declaração universal que, por sua natureza, seja capaz de gerar identificação em todos os membros da organização. Estamos tentando articular o PORQUÊ. Ou seja, se revisitarmos a analogia da árvore, estamos tentando estabelecer a fundação (as raízes e o tronco da árvore) sobre a qual estão todos os galhos e ninhos. Se acabarmos com pássaros demais de um galho ou de um lado da árvore, é provável que, acidentalmente, articulemos o PORQUÊ da subcultura de um único galho ou ninho. O resultado final será que, ao ouvirem, talvez nem todos os pássaros da árvore sintam que pertencem a ela. Não importa o tamanho da sua organização, assegure-se de que você tenha uma amostragem de todas as suas partes.

A exceção para a regra do "mínimo de 10 pessoas" é uma companhia com menos de 10 pessoas. Nesse caso, as poucas pessoas representam a árvore inteira. Todos na organização estão envolvidos em múltiplos aspectos do negócio e o grupo em geral possui exatamente o que é necessário para articular o PORQUÊ da organização.

Achamos que as sessões de Descoberta do Porquê Tribal têm maior sucesso quando a maioria dos participantes compartilha duas características: zelo pelo próprio emprego e um tempo razoavelmente longo na companhia. Participantes que trabalham na empresa há mais tempo terão mais histórias e experiências para recordar. E, se estiverem por lá há tempo suficiente, terão testemunhado a companhia passar por momentos bons e momentos difíceis, a terão visto operar em sua melhor forma e enfrentar seus maiores desafios.

Embora talvez tenham menos histórias para compartilhar, você também pode convidar alguns funcionários novos para participar. Muitas vezes, ouvir as histórias, conhecer um pouco das tradições e passar a conhecer os colegas de uma maneira mais pessoal catalisa a sensação de pertencimento e aumenta o orgulho que sentem do novo emprego. Eles possuem uma perspectiva especial a oferecer: como se juntaram recentemente à organização, é presumível que o motivo pelo qual escolheram fazê-lo ainda esteja fresco em sua mente. Novos colegas de equipe também podem compartilhar insights objetivos que talvez sejam menos óbvios para alguém que esteja trabalhando na organização há anos.

A outra qualidade essencial que você deve procurar nos participantes é paixão pela companhia. Você quer ter o maior número possível de entusiastas na sala. Esses não são necessariamente os funcionários de melhor desempenho, embora alguns possam ser. Os entusiastas são aqueles que "entendem", que sacrificam regularmente tempo e energia para tornar a organização melhor, os que mais se importam com a companhia. Os entusiastas representam a empresa no que ela tem de melhor.

Se você também precisar convidar alguns não entusiastas por questões políticas ou alguma outra razão, tudo bem. O processo é objetivo e é provável que esses poucos "desajustados" não cheguem a influenciar os resultados. Na verdade, às vezes, eles se encaixam melhor do que o esperado, pois o workshop os ajuda a compartilhar os motivos pelos quais amam a

Uma equipe não é um grupo de pessoas que trabalham juntas.

Uma equipe é um grupo de pessoas que confiam umas nas outras.

organização. Mas, mesmo que isso não ocorra, desde que eles sejam a minoria, o processo funcionará como planejado.

Por fim, se você está realizando uma Descoberta do Porquê Tribal de uma organização inteira (não apenas de um subgrupo), recomendamos que escolha participantes que constituam uma amostra representativa da companhia – indivíduos de posições distintas e de uma variedade de departamentos ou divisões. Isso vai assegurar que realmente descubram o PORQUÊ da organização, não um PORQUÊ aninhado dentro dela.

Pela nossa experiência, o número ideal de participantes para uma Descoberta do Porquê Tribal é de 20 a 30 pessoas. Geralmente, um grupo desse tamanho consegue redigir um rascunho de uma Declaração do Porquê em quatro horas. Decidir a quantidade exata de pessoas para obter os melhores resultados exige que você confie na sua intuição.

Às vezes, uma organização prefere que todos os participantes sejam selecionados entre os líderes seniores. Essa abordagem pode funcionar, contanto que os líderes atendam às exigências básicas: tempo na companhia e zelo. A maioria dos participantes, independentemente da posição que ocupa, deve ser de pessoas com experiência substancial na companhia, que amem trabalhar lá e se importem com os funcionários e com a cultura. Uma Descoberta do Porquê com a equipe sênior também deve representar uma amostra representativa das funções. O processo não terá êxito de outra maneira. Se você tiver um desequilíbrio pendendo para a área de engenharia, por exemplo, é mais provável que acabe descobrindo o PORQUÊ do departamento de engenharia, não o da companhia como um todo. O equilíbrio é crucial.

Agendar tempo suficiente

Uma Descoberta do Porquê Tribal leva pelo menos quatro horas, mas algumas organizações podem tentar fazer a sessão levar menos tempo. Resista! Dispor de todas as quatro horas é fundamental. Ter cinco horas é ainda melhor. É como assar um peru. Você pode tentar acelerar o processo aumentando a temperatura do forno, mas, mesmo que a ave fique corada por fora, não estará totalmente assada por dentro. Para que os participantes se sintam bem em relação à sua Declaração do Porquê e se apropriem dela, eles precisam passar por toda a jornada intelectual e emocional. Eles precisam dar vida ao PORQUÊ por meio das histórias que compartilham. Realizamos muitas descobertas nas quais poderíamos ter identificado o PORQUÊ de uma organização em menos de uma hora – mas não teríamos conseguido fazer com que todo o grupo nos acompanhasse emocionalmente. As pessoas precisam fazer a descoberta por conta própria e, com um grupo, isso leva tempo. Não importa quão maravilhosa pareça a Declaração do Porquê se ninguém na organização se apropriar dela ou não se sentir inspirado a lhe dar vida.

Encontrar o local ideal

A Descoberta do Porquê exige um exercício de pensamento que pode ser bastante diferente do que as pessoas fazem todos os dias. Um espaço ideal inspira criatividade, cultiva a privacidade e minimiza as distrações. O lugar que você escolher – seja dentro dos escritórios da companhia ou num local externo – deve promover essas coisas das seguintes maneiras:

Escolha um espaço grande o bastante para que as pessoas possam se dividir em grupos pequenos. Às vezes, os participantes vão trabalhar sozinhos, e às vezes, em grupos. Portanto, além de bem ventilado e iluminado, o espaço precisa ser grande e flexível o bastante para permitir que as pessoas circulem e/ou reorganizem as mesas e cadeiras. Você também precisa de espaço para uma mesa de lanches, que ajudará a manter todos concentrados durante toda a sessão.

Escolha um espaço onde o grupo não seja interrompido. Se a sala tiver vizinhos barulhentos, contar com a única copiadora que os funcionários precisam usar ou estiver localizada em um corredor movimentado, não é uma boa escolha.

Prepare a sala antecipadamente

A dinâmica na sala é muito importante desde o momento em que o workshop começa, portanto discutiremos em detalhes sua arrumação. Para evitar usar o tempo precioso da sessão, prepare a sala antecipadamente, rearrumando-a de acordo com as instruções a seguir. Fazer isso vai assegurar que os participantes entrem no clima assim que chegarem.

- *Arrume a mobília:* Embora não haja uma única maneira certa de fazer isso, preferimos o formato de semicírculo. Se possível, encoste as mesas nas paredes e arrume as cadeiras em um semicírculo. Esse formato ajuda a gerar uma discussão aberta, eliminando qualquer noção de hierarquia.

- *Escolha uma maneira para os grupos registrarem suas ideias:* Geralmente, fornecemos blocos de papel em cavalete (*flipcharts*) para cada grupo. (Sobre o tamanho dos grupos e como determinar sua quantidade, veja o Capítulo 5.) Folhas grandes de papel ou quadros brancos também podem servir. Lembre-se de oferecer canetas, de várias cores, e assegure-se de que todas estejam funcionando.

- *Monte seus blocos de cavalete:* Posicione três blocos adicionais em cavaletes na frente da sala. Esses são para seu próprio uso. (Preferimos usar blocos de papel em vez de quadros brancos pois eles permitem que consultemos rapidamente algo escrito anteriormente durante a sessão.)

- *Prepare o projetor e a tela:* Se você decidir usar um conjunto de slides ou um computador, assegure-se de que a tecnologia necessária esteja montada e funcionando adequadamente e que os participantes consigam ver a tela sem obstruções.

Eis um esquema da arrumação ideal da sala:

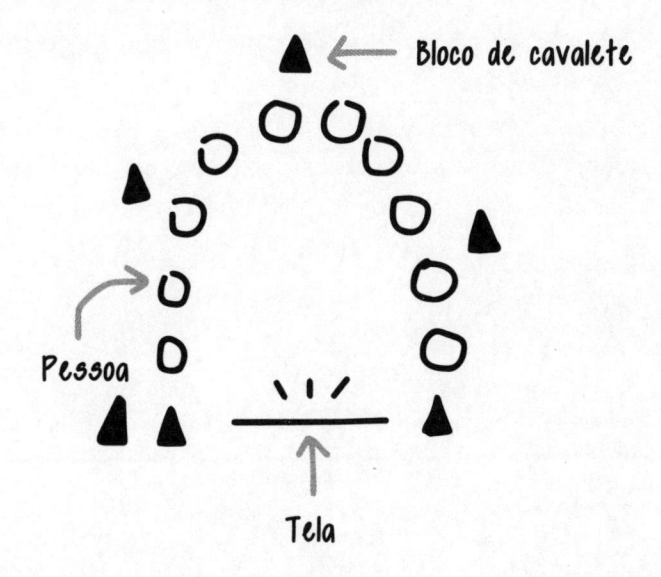

[Esquema: disposição em semicírculo de pessoas (triângulos) e cadeiras (círculos) ao redor de uma tela, com um bloco de cavalete no topo. Legendas: "Bloco de cavalete", "Pessoa", "Tela".]

Aqui termina a preparação logística para conduzir a Descoberta do Porquê Tribal.

Agora estamos prontos para seguir para o próximo capítulo, no qual conduziremos você, passo a passo, pelo workshop como um todo.

CAPÍTULO 5

Descoberta do PORQUÊ para grupos

PARTE 2: FALANDO COM A TRIBO

SEÇÃO DO FACILITADOR

Você viu no Capítulo 4 que há duas tarefas principais para o facilitador: *preparar-se* para a Descoberta do Porquê Tribal e depois *conduzir o workshop*. Nós vimos os passos preparatórios no Capítulo 4. Agora falaremos sobre tudo que você precisa para conduzir seu grupo por toda a sessão. Se essa experiência é nova para você, recomendamos que siga fielmente o guia. Quanto menos você precisar se preocupar com o processo em si, mais poderá investir em escutar, perguntar, analisar e se envolver. Se, por outro lado, você for um facilitador experiente, provavelmente dará seu toque pessoal a estas instruções e terá algumas ideias próprias para tornar a descoberta do seu grupo ainda mais bem--sucedida.

O workshop de Descoberta do Porquê tem três etapas principais:

- Definir o contexto
- Conduzir o processo de Descoberta do Porquê
- Redigir um rascunho da Declaração do Porquê

Agora, vamos explicar detalhadamente esses passos e sugerir a duração aproximada de cada um.

DEFINIR O CONTEXTO

CONDUZIR O PROCESSO DE DESCOBERTA DO PORQUÊ

REDIGIR UM RASCUNHO DA DECLARAÇÃO DO PORQUÊ

Definir o contexto

(⏲ 45–60 MINUTOS)

Uma ótima maneira de começar uma Descoberta do Porquê Tribal é convidar um líder sênior, alguém que seja respeitado na companhia ou no grupo e já esteja cem por cento familiarizado com o conceito do PORQUÊ. Essa pessoa poderá explicar o motivo pelo qual a sessão está sendo realizada e discutir seu significado, além de reconhecer o tempo que os participantes estão investindo no processo. Quando sabemos que nosso sacrifício e o tempo que dedicamos a alguma coisa são apreciados, nossa disposição aumenta. A ideia é reassegurar aos participantes que eles têm *permissão* para se concentrar plenamente na sessão. Isso pode parecer óbvio, mas muitas vezes os indivíduos não se entregam por completo quando sentem que deveriam estar fazendo algum outro trabalho "mais importante" para a companhia. Queremos que os participantes saibam que *essa sessão* é um trabalho importante e que eles têm total permissão para participar plenamente.

Fazer a introdução da sessão com um líder sênior entusiasmado também servirá para "apresentar você" como facilitador. Isso é especialmente importante se sua relação com a empresa ou o grupo for nova. Ao abrir os trabalhos e lhe dar a palavra, o líder sênior efetivamente anuncia que a companhia confia em você para conduzir o grupo pelo processo de Descoberta do Porquê e pede que os participantes fiquem atentos e cooperem.

Depois que você for apresentado e estiver com a palavra, recomendamos que comece compartilhando uma breve história. Compartilhar uma experiência pessoal de PORQUÊ pode contribuir muito para estabelecer uma ligação com sua plateia. Se você estiver com dificuldade para encontrar uma história que se sinta confortável em compartilhar, pode usar uma das que contamos neste livro (como a de Steve, o "homem do aço" da introdução, ou a da La Marzocco, do Capítulo 4). Também é possível recorrer a qualquer história do livro *Comece pelo porquê* que você considere interessante. As descrições de Simon Sinek sobre a Apple e a Southwest Airlines como exemplos de companhias com PORQUÊs poderosos são muito claras e estimulantes.

Seja qual for a história que você escolha contar, ela deve esclarecer o que é possível realizar quando um grupo de pessoas está unido a serviço de um propósito maior. Ela também deve ilustrar como um PORQUÊ compartilhado pode inspirar lealdade em uma tribo. O relato funcionará tanto para estabelecer uma ligação da vida real com o propósito da sessão – descobrir o PORQUÊ da organização – quanto como uma prova de quão gratificante será permanecer presente e se envolver no processo.

A essa altura, você já terá falado por cerca de 10 minutos, dependendo da duração da sua história de abertura. Isso é o bastante por enquanto. Está na hora de dar ao grupo a oportunidade de falar. Convide todos a formarem uma dupla com a pessoa ao lado (se você tiver um número ímpar de participantes, inclua um trio) e a chegarem a uma resposta à seguinte proposta:

- O que mais os inspirava quando ingressaram na organização? O que os inspira a continuar trabalhando lá?

DICA PARA O FACILITADOR

Na maioria das vezes, os participantes sentam ao lado de pessoas que já conhecem e com as quais se sentem confortáveis. Vale a pena misturar as posições na sala para que todos se envolvam em conversas com pessoas que não conheçam tão bem.

Dê às duplas de 4 a 6 minutos para compartilharem seus pensamentos. Diga de cara que cada um na dupla terá de dois a três minutos para falar. Para assegurar que todas as vozes sejam ouvidas, lembre delicadamente ao grupo, quando o período chegar à metade, que a ideia é que *ambas* as pessoas falem.

Esse exercício simples gera uma boa conversa, que é exatamente o que você quer. O propósito principal é que todos participem ativamente em vez de se recostar e assistir ao workshop acontecendo ao redor deles. E, como contar histórias costuma despertar reações emocionais, o exercício também é uma oportunidade perfeita para preparar o grupo para o que virá em seguida. Embora não seja necessário que todos se apresentem, você pode convidar uma ou duas pessoas a compartilhar a história inspiradora que os parceiros lhes contaram. Apesar de ser possível que os participantes ainda não tenham se dado conta disso, essas histórias provavelmente estão ligadas ao PORQUÊ subjacente da organização.

Agora que o grupo se acha envolvido, está na hora de estabelecer os fundamentos para o restante da sessão, explicando o conceito crucial do Círculo Dourado.

Apresentamos o Círculo Dourado no Capítulo 1. Se, como facilitador, você só leu os capítulos sobre a Descoberta do Porquê Tribal, pode ser útil ler o Capítulo 1 agora.

Quando você estiver pronto para apresentar o Círculo Dourado ao grupo, uma maneira fácil de começar é exibindo a TED Talk de Simon (https://goo.gl/eAMLjb). Outra opção é revisar você mesmo o conceito – slides e notas gratuitas em inglês estão disponíveis em http://bit.ly/FYWresources.

Seu objetivo é se assegurar de que todos compreendam os fundamentos do Círculo Dourado:

- O QUÊs são produtos, serviços e funções que realizamos no trabalho. COMOs são valores, princípios orientadores e ações que fazem com que nos destaquemos. O PORQUÊ define o que a organização representa – é o propósito, causa ou crença coletiva.

- É parte da natureza humana ir do que é mais fácil de entender para o que é mais difícil. Em termos de Círculo Dourado, a maioria de nós pensa, age e se comunica de fora para dentro (O QUÊ – COMO – POR QUÊ). As pessoas que têm a capacidade de inspirar fazem diferente. Elas pensam, agem e se comunicam de dentro para fora (POR QUÊ – COMO – O QUÊ).

- O O QUÊ corresponde ao neocórtex, a parte "mais nova" do cérebro, que é responsável pela linguagem e pelo pensamento racional e analítico.

- O PORQUÊ corresponde ao sistema límbico, que é responsável pelos nossos sentimentos – como confiança e lealdade. Essa parte do cérebro motiva todo o comportamento e as tomadas de decisões humanas, mas não passa pela linguagem. É assim que somos feitos – isso é biologia, não psicologia.

- As pessoas não compram O QUE você faz; elas compram POR QUE você o faz.

- Quando uma companhia tem um PORQUÊ forte, ela inspira confiança e lealdade nos clientes, funcionários e apoiadores, e todos torcem por ela em sua causa.

Em algum momento no começo do workshop – antes, durante ou depois de você apresentar o Círculo Dourado e o conceito do PORQUÊ – é totalmente possível que você seja desafiado por um ou mais membros do grupo. Nós com certeza já fomos. As pessoas podem dizer "Isso tudo parece um pouco de mimimi" ou "Essa não é a realidade dos negócios". Lembre-se de que você está tentando fazer com que as pessoas pensem de uma maneira nova, portanto entenda o ponto de vista delas. Responda da melhor maneira que conseguir – oferecemos alguma orientação sobre como respondemos a perguntas habituais no Apêndice 1 – *Perguntas mais frequentes* – no final do livro (página 161). O mais importante é pedir a esses membros do grupo que confiem no processo e mantenham a mente aberta. Repetimos que a ideia não é convencer ninguém do valor ou da validade de ter um PORQUÊ. A ideia é criar um ambiente no qual eles próprios consigam chegar a tais conclusões e possam contribuir para encontrar o PORQUÊ do grupo.

Em seguida, ofereça aos participantes uma visão geral abrangente do que eles devem esperar para o restante do dia, começando com um cronograma geral, inclusive os intervalos. Explique que a sessão terá duas partes principais, cada uma com seu objetivo próprio:

- *Compartilhamento de histórias:* O objetivo é reunir histórias específicas que revelem tanto a contribuição que a organização traz para a vida dos outros quanto o impacto dessas contribuições ao longo do tempo.

- *Redigir o rascunho da Declaração do Porquê:* O objetivo é juntar os temas que vão surgir das histórias dos participantes e utilizá-los para redigir o primeiro rascunho da Declaração do Porquê da tribo: seu propósito, causa ou crença.

Enfatize a palavra "rascunho" no objetivo final. Diga ao grupo que a meta é redigir uma Declaração do Porquê que seja de 75% a 80% completa. Isso porque estamos trabalhando com o **sistema límbico**. Explique que eles não precisam que a declaração seja perfeita, mas que seja executável. Você retornará a isso mais tarde.

Sistema límbico: veja o Capítulo 4 de *Comece pelo porquê* para aprender mais sobre esse tópico.

Conduzir o processo de Descoberta do Porquê

(⏲ 2–2,5 HORAS)

Compartilhar histórias pessoais e identificar os temas presentes nelas são peças cruciais do processo de Descoberta do Porquê, tanto para indivíduos quanto para grupos.

Na Abordagem Tribal, fazemos isso por meio do que chamamos de "as três conversas".

As três conversas

Um slogan antigo da Apple proclamava: "A simplicidade é o máximo da sofisticação." Essas conversas são simples, mas isso não significa que sejam fáceis. A parte difícil é que os participantes são obrigados a encontrar palavras para expressar a forma como se sentem. Para algumas pessoas, isso será muito fácil, mas a maioria dos participantes acha que travar conversas como essas consome uma energia considerável.

É provável que durante o processo haja momentos em que tudo pareça confuso e você tenha a sensação de não estar obtendo as respostas que precisa ou não estar se aproximando do PORQUÊ. Confie no processo. Lembre-se de que esse exercício trata mais do *sentimento* gerado na sala do que das palavras exatas que surjam na conversa.

O primeiro passo do exercício é dividir o grupo em três equipes aproximadamente do mesmo tamanho. A maneira mais fácil de fazer isso é dividindo a sala entre esquerda, direita e fundo (veja o diagrama a seguir). Idealmente, cada equipe será composta de indivíduos com papéis, posições, gêneros e tempo na organização variados. Se não achar que a abordagem esquerda-direita-fundo vai oferecer diversidade suficiente nas equipes, você pode ser mais intencional na hora de formá-las. Mas essa não é a escalação da seleção. Não estamos sugerindo que você coloque todos lado a lado e estude o currículo de cada um antes de designá-los a uma equipe. Apenas use sua noção básica sobre a demografia na sala e você se sairá bem. Quanto mais diversas forem as experiências representadas em cada equipe, mais dinâmicas e envolventes serão as conversas. E, como já foi discutido, queremos que as pessoas do grupo pensem de maneira diferente da que estão habituadas – trabalhar com pessoas novas e desconhecidas costuma resultar nisso.

Quando as equipes estiverem definidas, cada grupo deve se reunir em torno de um bloco em cavalete. Incentive as equipes a se levantarem e a ficarem em torno de seus respectivos cavaletes em vez de apenas aproximarem as cadeiras. Ficar de pé libera energia e torna o processo mais interativo.

Agora você vai apresentar às equipes um ponto de partida para cada uma das três conversas. Recomendamos que projete cada proposta em uma tela ao introduzi-la. Desse modo, garante que todos na sala conseguem vê-la com facilidade e podem consultá-la novamente quando necessário. Para cada proposta, você dará uma orientação sobre como se envolver na conversa e, depois, dará algum tempo para que os membros do grupo discutam entre si

DICA PARA O FACILITADOR

É melhor se você não compartilhar antecipadamente nenhuma das propostas com o grupo. Você quer que os participantes compartilhem os primeiros pensamentos que lhes vierem à cabeça. Se apresentar as propostas antecipadamente, eles provavelmente pensarão demais sobre o tema, o que pode impactar negativamente o processo.

CONVERSA 1: A DIFERENÇA HUMANA

(🕐 20 MINUTOS)

Conte histórias específicas sobre quando você se sentiu mais orgulhoso de trabalhar para essa empresa.

(Não se trata de dinheiro ou de outras formas de medir o sucesso, mas do que você ofereceu, não do que recebeu. Conte histórias que consigam captar o que essa organização representa em sua melhor forma.)

DICA PARA O FACILITADOR

Você pode substituir a palavra "empresa" por "equipe", "grupo", "divisão" ou qualquer outra apropriada. Mas a estrutura da frase não deve sofrer nenhuma outra modificação. Não estamos procurando aqui as realizações financeiras da companhia. Estamos buscando algo mais humano e mais significativo que desperte alguma emoção.

Antes de as equipes começarem a discutir suas respostas para a conversa 1, forneça as seguintes orientações:

- A tarefa de cada grupo é escrever em seu bloco uma frase ou expressão que ajude os membros da equipe a se lembrarem de suas histórias posteriormente.

> Se um movimento deseja ter um impacto, ele deve pertencer àqueles que se juntam a ele, e não somente àqueles que o lideram.

- Generalizações não são boas. Você quer histórias sobre pessoas *específicas* e momentos *específicos*. Quanto mais específico, melhor. "Tenho orgulho da qualidade do trabalho que realizamos" é genérico demais. É melhor algo mais específico e emocional, como: "Fiquei muito orgulhoso na noite em que conheci uma mulher em uma festa e ela me disse que a vida do filho fora salva por um medicamento contra o câncer que nós desenvolvemos. Eu nem trabalho nessa divisão, mas aquilo me lembrou da importância do nosso trabalho."

- O resultado descrito nas histórias pode ser grande ou pequeno, pode afetar milhares de pessoas ou apenas uma. O importante é que a história provoque uma reação visceral e emocional na pessoa que a estiver contando.

- As equipes devem apresentar o máximo de histórias *boas* que conseguirem (pelo menos três) dentro do tempo previsto.

DICA PARA O FACILITADOR

Em alguns grupos, os membros seniores dominam a discussão a ponto de outras ideias igualmente válidas de outras pessoas não serem ouvidas. Se você sentir que isso está começando a acontecer, interfira e estimule aqueles que ainda não falaram a contribuir com suas histórias.

A conversa 1 não é o tipo de coisa que as pessoas estão acostumadas a ouvir. Portanto você provavelmente verá rostos intrigados. Tudo bem. Deixe o grupo passar algum tempo com as propostas. Mas, quando as equipes começarem a falar, esteja preparado para ajudá-las a permanecer no assunto. Para dar uma ideia do tipo de informação que você está procurando, eis algumas histórias que a equipe da La Marzocco compartilhou e um exemplo de como cada grupo pode tomar notas no bloco em cavalete.

- "Em 2009, realizamos nosso primeiro evento Fora da Caixa. Foi quando reunimos nossos parceiros de todas as partes do mundo – fornecedores, torrefadores, baristas e outros amantes de café. No decorrer de dois dias extraordinários, compartilhamos sentimentos e ideias – na verdade, apenas celebramos a vida. Deveria ser um único evento, mas a resposta que tivemos foi tão maravilhosa que agora é um evento bienal." (No cavalete: Evento Fora da Caixa – celebramos a vida.)

- "Amamos reunir pessoas. Recentemente, patrocinamos uma exposição de fotografias de pessoas que trabalham em uma fazenda de café na Tanzânia. As fotos são incrivelmente evocativas e realmente nos ajudaram a sentir uma conexão com a origem dos grãos e com aqueles que os produzem. Embora o tema fosse o café, trata-se de algo mais profundo do que isso, trata-se de relacionamento. Parte da renda da exposição está sendo utilizada para apoiar a comunidade de cultivadores de café." (No cavalete: Exposição de Fotografias da Tanzânia – apoiando a comunidade produtora e construindo relações.)

- "Trabalhamos com uma torrefadora de café no México, numa região onde pouca gente tem acesso à educação superior formal. Nossa companhia tem uma política de contratar pessoas com base em quem elas são e na paixão que têm – não nos diplomas que possuem. Isso tem sido um enorme sucesso e muitos dos contratados já passaram a ocupar posições seniores." (No cavalete: Nossa Política de Contratação – paixão *versus* diplomas.)

- "Num aeroporto, conheci alguém que tinha a mesma máquina da La Marzocco havia 20 anos e ela ainda funcionava perfeitamente. Senti muito orgulho pelo fato de que, num mundo de coisas descartáveis, minha companhia represente excelência, tradição e valor." (No cavalete: Cliente Fiel – excelência, tradição e valor.)

Apresentação: Compartilhando as histórias
(🕐 25–35 MINUTOS)

Quando o tempo terminar, cada grupo vai se apresentar ao restante da sala, compartilhando suas duas ou três melhores histórias. Por "melhores", estamos nos referindo àquelas que despertaram maior identificação entre os membros da equipe – as que provocaram as reações viscerais mais fortes. Isso pode ser expresso de diferentes maneiras: as pessoas podem ficar arrepiadas, animadas, empolgadas ou até emocionadas. Reações emocionais são deixas para você, como facilitador, investigar mais fundo. Peça ao contador da história para continuar falando sobre os próprios sentimentos ou sobre o que naquela história específica evocou uma reação tão intensa. Retornando aos exemplos da La Marzocco, eis duas perguntas exploratórias que ampliam a conexão emocional do contador da história com a contribuição da organização:

- "Fale mais sobre o feedback do primeiro evento Fora da Caixa. Do que as pessoas gostaram tanto? Que comentários elas fizeram?"

- "Conte-nos sobre as fotografias da exposição. Algumas em particular chamaram sua atenção? O que havia de interessante a respeito dessas fotos específicas? O que mudou na vida dos plantadores de café? Pode nos dar um exemplo específico?"

DICA PARA O FACILITADOR

O caminho para o PORQUÊ é através do O QUÊ. Em vez de fazer perguntas que comecem com "por que" – por exemplo, **"Por que** você gostou dessas fotos específicas?" – pergunte: **"O que havia de interessante a respeito dessas fotos específicas?"** As pessoas acham mais fácil responder a perguntas que começam com "o que" ou "como" do que com "por que".

Geralmente, concedemos 20 minutos para o compartilhamento de histórias, mas esteja preparado para que a conversa dure mais. Essa é uma parte incrivelmente valiosa do processo, pois é raro que as pessoas se reúnam em grupos para pensar além dos números e refletir sobre como a organização contribui para os outros. Esse é o motivo pelo qual você deve alocar de quatro a cinco horas para uma Descoberta do Porquê Tribal – você quer ter flexibilidade suficiente para deixar a conversa fluir. Depois que as equipes compartilharem suas histórias, elas estarão prontas para a segunda conversa.

CONVERSA 2: QUAL É A SUA CONTRIBUIÇÃO?

(⏱ 10 MINUTOS)

....

Em cada uma das histórias, qual foi a contribuição específica que sua empresa trouxe para a vida dos outros?

....

Expresse a resposta na forma de um verbo/uma expressão verbal.

Trabalhando com os mesmos três grupos, os participantes devem começar com uma página em branco do bloco e anotar os verbos ou expressões verbais que captam a essência das contribuições sugeridas ou expressas nas histórias da conversa anterior. Esclareça os objetivos desse exercício específico, explicando que:

- Verbos são importantes pois nosso objetivo final é descobrir um PORQUÊ que seja executável, não apenas descritivo.

- Os verbos/as expressões verbais não devem ser aspiracionais. O que importa aqui é o que as pessoas na companhia *fizeram*, não o que *desejam* fazer ou ser.

- Os verbos/as expressões verbais devem estar diretamente ligados a uma ou mais histórias identificadas anteriormente pelo grupo. Essa conexão é vital, pois, sem isso, corre-se o risco de que a tarefa se torne o tipo de exercício de *branding* ou de marketing no qual as palavras são escolhidas porque "soam bem". Diga aos participantes que devem justificar seu verbo/sua expressão verbal com uma história que demonstre claramente essa ligação.

DICA PARA O FACILITADOR

Uma boa maneira de manter as pessoas no caminho certo é pedir a elas que tentem completar a frase "Nesta história, nós chegamos e _____." Diga que a lacuna deve ser preenchida com um verbo ou uma expressão verbal. (Por exemplo, veja a página 137 – Mais exemplos tribais.)

- Como os grupos estão tratando de histórias que aconteceram no passado, é provável que os verbos e expressões estejam no tempo pretérito. No entanto, queremos usar o verbo no infinitivo – por exemplo, "envolv**er**", "unific**ar**", "constru**ir**" –, pois isso será útil posteriormente no processo.

- Cada grupo deve propor pelo menos 10 verbos/expressões verbais e preencher não mais do que uma única folha do bloco em cavalete.

Em geral, você vai descobrir que as pessoas conseguem se envolver e concluir essa conversa bem depressa. Dez minutos costumam ser mais do que suficientes.

Eis alguns dos verbos e expressões que apareceram na lista da La Marzocco quando Peter fez a Descoberta do Porquê naquela companhia:

envolver	inspirar
enriquecer	confiar
construir	curtir a vida
conectar	amar
unir	

Apresentação: Reunindo os temas
(⏲ 10–15 MINUTOS)

Depois que cada grupo tiver completado sua lista de verbos e expressões verbais, será hora de compartilhá-los com o restante dos participantes. Peça a um membro de cada equipe para dizer suas palavras. Esse é o momento de usar seu bloco em cavalete. Escreva cada verbo ou expressão em um dos cavaletes na frente da sala. Melhor ainda: peça a um voluntário para fazer as anotações, de forma que você possa se concentrar em controlar o ritmo no qual as palavras são ditas. Quando passar para o grupo seguinte, não recomecem outra folha do bloco. Anote todos os verbos e expressões apresentados pelas três equipes em uma única página. Essa página será muito importante mais tarde.

Assegure-se de que as equipes digam todos os seus verbos ou expressões verbais, mesmo que alguns sejam repetidos ou parecidos com o que outro grupo já tenha dito. Se surgir um verbo ou expressão que já esteja no papel, não o anote pela segunda vez. Acrescente um asterisco ao verbo ou expressão a cada vez que eles se repetirem. Às vezes, duas equipes dirão expressões parecidas, mas não idênticas. Por exemplo, uma pode dizer "incentivar a criatividade" e outra pode dizer "promover a liberdade de pensamento". O fato de que elas estão pensando de modo parecido é bom e significa que suas histórias ilustram um *tema consistente* dentro da organização. Se você conseguir, faça com que os dois grupos cheguem a um acordo quanto a uma versão consolidada do que estão dizendo e registre-a no cavalete, marcando-a com um asterisco. No total, essa etapa de apresentação costuma levar 10 minutos.

A essa altura você deve ter uma única folha do bloco de cavalete que está na frente da sala exibindo todos os verbos e expressões verbais que foram ditos, com asteriscos marcando quantas vezes cada ideia específica foi repetida. Se você se afastar um pouco e olhar para a lista, deverá começar a distinguir vários temas. No cavalete da La Marzocco, por exemplo, surgiu um tema que girava em torno de "envolver", "conectar" e "reunir". Talvez tenha havido outro tema capturado por "enriquecer" e "curtir a vida". A natureza exata desses temas será trazida à luz pelas histórias por trás deles.

Intervalo

(⏱ 15 MINUTOS)

É importante programar intervalos para administrar a energia na sala. Da mesma forma, queremos evitar intervalos longos demais, pois isso pode fazer com que o grupo perca o embalo. Cada grupo e sessão serão diferentes, e sua função como facilitador é reconhecer os momentos apropriados para fazer um intervalo. Geralmente, fazemos um intervalo depois da conversa 2. Cabe a você, como facilitador, decidir o que é melhor. Arrumar a sala apropriadamente e ter petiscos e bebidas por perto ajuda a fazer com que o intervalo dure o tempo certo.

CONVERSA 3: QUAL É O SEU IMPACTO?

(⏱ 15 MINUTOS)

Depois do intervalo, peça que todos retornem aos seus grupos para trabalhar na conversa 3. Em geral, esse é um momento em que costuma haver certa agitação na sala. As pessoas terão começado a se conectar com o trabalho que fazem de uma maneira diferente, mais significativa. A terceira conversa é projetada para aprofundar essa conexão.

....

O que as contribuições de sua organização possibilitam que os outros venham a *ser* ou *fazer*?

....

(Pense sobre como a vida das pessoas ficou diferente depois que elas interagiram com sua organização em sua melhor forma.)

Enquanto as pessoas de cada grupo ponderam isoladamente ou entre si, instrua-as a voltarem às histórias da conversa 1. Mais uma vez, o objetivo aqui é que cada equipe construa a partir de seus relatos anteriores, concentrando-se no *impacto* das contribuições que descreveram. Estimule-as a pensar nas pessoas específicas presentes nas histórias. O que esses indivíduos foram capazes de *fazer* ou de *se tornar* como resultado das ações da organização? Lembre ao grupo que não se trata de números ou outras formas de medição. O que vocês estão procurando é o impacto maior, o impacto *humano* verdadeiro. Você saberá que eles começaram a tocar nesse ponto quando suas respostas se tornarem viscerais e emocionais. Usando uma página em branco do bloco, eles devem registrar uma frase ou expressão que capte o impacto dessas contribuições.

DICA PARA O FACILITADOR

Às vezes, quando as pessoas iniciam essa conversa, tendem a minimizar o impacto que elas e sua organização tiveram na vida dos outros. Podem até falar sobre a concorrência e como essas companhias fazem a mesma coisa. Se isso acontecer, faça com que retornem às suas histórias. A concorrência pode ter um O QUÊ parecido, mas não possui as mesmas histórias de PORQUÊ. A Abordagem Tribal não é sobre a concorrência. Ela tem como objetivo determinar no que a organização acredita e POR QUE ela existe. Antes que possamos nos *destacar*, precisamos primeiro ter clareza do que *defendemos*.

Para ter uma ideia de com que isso se parece na prática, confira algumas das coisas que o grupo da La Marzocco disse sobre o impacto de sua organização. Reproduzimos as histórias deles da conversa 1 (em itálico), seguidas pelas respostas que deram na conversa 3, para que você veja claramente as ligações entre as duas. As respostas a seguir são mais detalhadas do que esperaríamos ver nos blocos das equipes. Nós as expandimos um pouco para que fizessem mais sentido fora do contexto original:

- *Em 2009, realizamos nosso primeiro evento Fora da Caixa. Foi quando reunimos nossos parceiros de todas as partes do mundo – fornecedores, torrefadores, baristas e outros amantes de café. No decorrer de dois dias extraordinários, compartilhamos sentimentos e ideias – na verdade, apenas celebramos a vida. Deveria ser um evento único, mas a resposta que tivemos foi tão maravilhosa que agora é um evento bienal.* Uma das relações que surgiram a partir desse evento foi entre Andrija, um barista da Sérvia, e Catalina, proprietária de uma cafeteria em Barcelona. A cafeteria dela se tornara um ponto de encontro para empreendedores desenvolverem novas ideias e negócios. Isso inspirou Andrija a criar uma cafeteria parecida na Sérvia, que, consequentemente, tornou-se o catalisador para vários novos negócios, fazendo uma diferença significativa para a comunidade local. Sem o evento Fora da Caixa, talvez nada disso tivesse acontecido.

- *Amamos reunir pessoas. Recentemente, patrocinamos uma exposição de fotografias de pessoas que trabalham em uma fazenda de café na Tanzânia. As fotos são incrivelmente evocativas e realmente nos ajudaram a sentir uma conexão com a origem dos grãos e com aqueles que os produzem. Embora o tema fosse o café, trata-se de algo mais profundo do que isso, trata-se de relacionamento. Parte da renda da exposição está sendo utilizada para apoiar a comunidade de cultivadores de café.* O dinheiro arrecadado faz uma grande diferença na qualidade de vida de Elisabeth, uma das mulheres nas fotografias, e de seus colegas colhedores de café. Mas o efeito da exposição vai além: ela também ajudou a aumentar a consciência e a valorização do trabalho realizado pelos colhedores. Como resultado, eles se sentem mais valorizados e realizados.

- *Trabalhamos com uma torrefadora de café no México, numa região onde pouca gente tem acesso à educação superior formal. Nossa companhia tem uma política de contratar pessoas com base em quem elas são e na paixão que têm – não nos diplomas que possuem. Isso tem sido um enorme sucesso e muitos dos contratados já passaram a ocupar posições seniores.* Emilio, por exemplo, tornou-se um torrefador chefe, uma posição que lhe permitiu tirar a família da pobreza. A oportunidade inicial transformou a vida de Emilio e também inspirou as pessoas em torno dele, de modo que agora veem possibilidades onde antes não viam.

Dê às equipes um total de 15 a 20 minutos para discutir a conversa 3. Nesse ponto, você como facilitador deve ficar de fora; só deve interferir quando um grupo precisar de ajuda para manter o foco. Você pode perceber que essa conversa, particularmente, desperta reações emocionais intensas nos participantes. Já vimos alguns dos homens e mulheres de negócios mais durões ficarem com lágrimas nos olhos ao terem a oportunidade de parar e pensar sobre a diferença que fizeram por meio de seu trabalho, num nível fundamentalmente humano. Até aqueles que parecerem frios e pouco emotivos durante o workshop poderão abordar você depois para confessar privadamente que ficaram comovidos. Quando as pessoas experimentam esses tipos de sentimento, quer se deem conta ou não, sua conexão com o PORQUÊ da organização está sendo reforçada.

Apresentação: Captando o impacto
(⏲ 20–30 MINUTOS)

Depois do término da discussão, é o momento de as equipes compartilharem com o grupo todo suas respostas para a conversa 3. Agora é a hora de você assumir um papel mais ativo. Precisará estar totalmente envolvido, ouvindo e resumindo. Separe de 20 a 30 minutos para o restante do exercício.

Para começar, tenha dois blocos em cavalete em branco na frente da sala – você precisará do espaço. Convide cada equipe a compartilhar suas respostas para a conversa 3. Sua função é ficar atento para a única frase em cada resposta que resuma o *impacto* da ação, a diferença que ela fez na vida dos outros. Anote-as nos dois blocos de modo que todos consigam ver. Assim como na conversa 2, se equipes diferentes fizerem declarações de impacto parecidas, agrupe-as ou identifique-as com um asterisco. Sua tarefa é resumir cada ideia numa frase que lembre a todos o impacto e a história subjacente. Portanto, para os exemplos da La Marzocco, poderíamos ter escrito:

- Melhorando a comunidade. (A cafeteria de Andrija inspirando novos negócios.)

- Pessoas se sentindo mais valorizadas e realizadas na vida. (Elisabeth e a fazenda de café.)

- Pessoas vendo possibilidades onde antes não viam. (Emilio tornando-se torrefador chefe.)

Depois que cada equipe tiver seu momento de compartilhar, reúna todas as respostas acumuladas durante a sessão. Isso inclui a página do bloco contendo todos os verbos/expressões verbais gerados na conversa 2 e as duas páginas do bloco com as declarações de impacto da conversa 3. Posicione os cavaletes de forma que todos possam vê-los. Agora você tem tudo de que precisa para o que vem a seguir: redigir um rascunho da Declaração do Porquê.

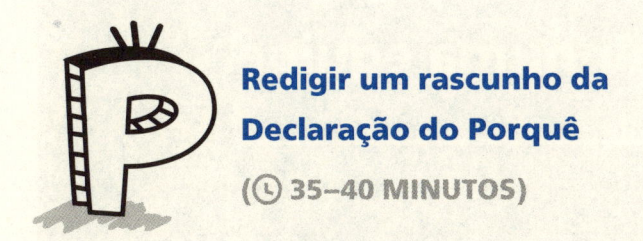

Redigir um rascunho da Declaração do Porquê
(⏲ 35–40 MINUTOS)

O próximo passo do processo é o grupo transformar os verbos/expressões verbais e declarações de impacto que surgiram nas três conversas em duas versões possíveis de uma Declaração do Porquê. Chamamos essas frases de "Candidatas a Declarações do Porquê" pois, posteriormente, elas vão evoluir para um único rascunho da declaração que o grupo desenvolverá e refinará.

> A capacidade de um grupo de pessoas de fazer coisas notáveis depende de quão bem elas conseguem se reunir numa equipe.

Como redigir uma Declaração do Porquê
(⏲ 5 MINUTOS)

Obviamente, os membros do grupo não podem criar uma Declaração do Porquê se não souberem do que se trata. Portanto, sua tarefa, como facilitador, é mostrar a eles o que é isso. Usando um bloco em cavalete ou um slide, mostre ao grupo a estrutura básica de uma Declaração do Porquê.

_____ **DE MODO QUE** _____.

Explique que embora essa não seja a única maneira de expressar um PORQUÊ, é com ela que Simon e a equipe da Start With Why recomendam que você comece. Isso se dá porque as lacunas capturam os dois principais componentes de um PORQUÊ executável e o formato foca no que é mais importante.

Divida a declaração em seus dois elementos principais. A primeira lacuna é a contribuição que a organização ou o grupo traz. A segunda é o impacto ou efeito que a contribuição tem sobre os outros.

```
    _____           _____
            ↑                           ↑
      CONTRIBUIÇÃO                   IMPACTO
```

Muitas pessoas reconhecerão imediatamente a relação entre o que foi produzido nas três conversas e a anatomia da Declaração do Porquê. Mas, apenas para se certificar de que todos estejam pensando da mesma maneira, explique a relação a eles.

Eis o que você pode dizer: as conversas 1 e 2 correspondem ao elemento *contribuição* da declaração, enquanto a conversa 3 corresponde ao elemento *impacto*. As palavras e expressões nos cavaletes na frente da sala são as informações que preencherão as lacunas. Nesse formato conciso de uma Declaração do Porquê, estamos descrevendo o mundo no qual gostaríamos de viver (o elemento impacto) e articulando o que precisamos fazer na manhã de segunda-feira para realizá-lo (o elemento contribuição).

Exercício de Candidatas a Declarações do Porquê
(⏲ 25 MINUTOS)

Divida os participantes em *duas* equipes aproximadamente do mesmo tamanho. Trabalhando independentemente, cada grupo redigirá uma Candidata a Declaração do Porquê em uma folha em branco de um bloco em cavalete e depois a apresentará ao resto da sala. Use as instruções a seguir para lhes oferecer um contexto antes de começarem.

Primeiro, para escrever o elemento "contribuição" da Declaração do Porquê, cada equipe precisa olhar para o cavalete na frente da sala que lista todos os verbos e expressões verbais que eles mencionaram antes. Os membros da equipe precisam decidir, juntos, qual verbo ou expressão parece capturar melhor a contribuição que eles trazem como organização. Isso se tornará a parte da contribuição de sua Candidata a Declaração do Porquê. É importante que eles não se prendam à definição dicionarizada dos verbos. O que importa é o *sentimento* evocado pelas palavras. Enquanto trabalham nisso, é importante que não se preocupem com o fato de estarem descartando os outros temas listados no cavalete – que eles podem sentir que também representam quem eles são, mas não parecem o vencedor óbvio. Eles entrarão novamente em jogo mais tarde, quando analisarmos os COMOs. Por enquanto, cada equipe precisa se concentrar em escolher o verbo que seja o melhor de todos – o que gera uma identificação profunda num nível visceral.

Depois, eles precisam voltar às declarações de impacto nos outros dois cavaletes na frente da sala. Eles devem tirar dessa lista a parte *impacto* da sua Candidata a Declaração do Porquê.

O objetivo de cada grupo é redigir uma frase tão inspiradora que estimule a outra equipe a dizer: "Vamos ficar com a sua!"

Dê 25 minutos às equipes para que cada uma escreva *uma* Candidata a Declaração do Porquê, lembrando-lhes mais uma vez que ela deve partir das palavras e expressões expostas nos cavaletes. É crucial que as declarações venham desse material. Do contrário, as pessoas cairão de volta em uma linguagem aspiracional genérica ou em uma posição de *branding* ou de marketing.

DICA PARA O FACILITADOR

Ao trabalharem nesse exercício, as equipes podem entrar em um debate semântico sobre o significado de certas palavras. Se isso acontecer, faça-as relembrar as histórias por trás das palavras e do *sentimento* subjacente. Não é tanto a definição dicionarizada das palavras que importa. O que importa é o significado mais profundo que as palavras têm para a equipe.

Para ajudar as equipes a manterem o foco, diga a elas que você pedirá a ambas que deem vida às suas Candidatas a Declarações do Porquê ligando-as a duas histórias representadas nos cavaletes.

Vinte e cinco minutos não é um tempo longo para esse exercício, mas é o suficiente. É bom que não seja tanto tempo pois queremos que as pessoas sigam sua intuição (ou seja, seu sistema límbico) e não pensem demais. Afinal, o objetivo nesse momento não é chegar a uma Declaração do Porquê final, mas dar o primeiro passo na direção dela. Também gostamos de gerar um pouco de pressão de tempo, pois isso costuma fazer com que as pessoas contem com as próprias emoções. O medo de o tempo acabar as estimula a apenas seguir o que parece ser o mais certo.

Apresentação: Apresentando as Candidatas a Declarações do Porquê
(⏱ 5–10 MINUTOS)

As apresentações das equipes devem ser curtas – no máximo dois minutos para cada. Cada equipe deve se ater aos dois pontos a seguir e não dizer nada além disto:

- Declarar o PORQUÊ (sem explicações nem detalhes).

- Relacionar com as histórias compartilhadas anteriormente no workshop que melhor exemplifiquem o PORQUÊ que está sendo vivido. Fazer isso garante que o PORQUÊ seja baseado em quem você realmente é e demonstra que comunicar suas histórias é uma ótima maneira de compartilhar o PORQUÊ.

DICA PARA O FACILITADOR

Antes de cada apresentação, peça a alguém da outra equipe para filmá-la. Não é necessário nada extravagante – uma câmera de celular ou de um tablet funciona. Filmar as apresentações deixa os grupos um pouco mais focados e também preserva parte da experiência de Descoberta do Porquê para consultas futuras.

Depois que as duas equipes tiverem apresentado suas Candidatas a Declaração do Porquê, a grande maioria do grupo pode concordar que uma delas capta melhor o PORQUÊ. Foi o que aconteceu com a La Marzocco. Caso haja um consenso em relação a uma candidata, essa declaração se torna o *rascunho* da Declaração do Porquê que o grupo desenvolverá. Às vezes, a maioria acha que o PORQUÊ pode ser expressado melhor por meio de uma combinação das duas Candidatas a Declaração do Porquê. Trabalhe com todos os participantes para chegarem a um acordo quanto a um único Rascunho da Declaração do Porquê. Lembre-se de que ninguém espera que essa versão seja perfeita. Como mencionamos antes, o objetivo do workshop é produzir uma Declaração do Porquê que esteja de 75% a 80% pronta. Esse é o motivo pelo qual a chamamos de rascunho – queremos que a discussão continue após a sessão de descoberta.

Depois que chegarem ao Rascunho da Declaração do Porquê, as equipes provavelmente sentirão que há mais trabalho a ser feito. Se for esse o caso, convide voluntários (sugerimos um máximo de seis) que gostariam de continuar trabalhando na declaração. Esses "Defensores do Porquê" devem se reunir no decorrer das duas semanas seguintes para tentar refinar a redação da Declaração do Porquê. Pode levar algum tempo até encontrarem as palavras que pareçam corretas. Isso é normal. O mais importante é que o Rascunho da Declaração do Porquê seja executável.

Eis alguns exemplos de Declarações do Porquê em diferentes níveis de desenvolvimento. As duas primeiras estão na forma correta – simples e claras, executáveis e livres de O QUÊs, focadas no serviço aos outros e escritas em uma linguagem afirmativa que gera identificação no grupo:

- Acreditar nas pessoas de modo que elas possam, por sua vez, acreditar nelas mesmas.

- Provocar as pessoas a pensarem diferente de modo que possam ser despertadas para novas possibilidades.

Agora, aqui estão duas que estão quase lá:

- Melhorar a nós mesmos constantemente de modo que estejamos preparados para superar os desafios que enfrentamos.

- Fazer o bem no mundo para ajudar pessoas a desenvolverem habilidades, a aprenderem constantemente e a terem uma noção clara de direção/visão, de modo que possam realizar muita coisa para si mesmas, suas famílias e suas comunidades, de maneira eficaz e bem-sucedida.

Você consegue ver como essas duas últimas podem ser aprimoradas? A primeira é sobre "nós", não sobre os outros. A segunda é sobre os outros, mas é complexa demais para ser lembrada – ainda mais para ser colocada em prática.

E, finalmente, mais duas que precisam ser muito trabalhadas:

- Apoiar nossos fornecedores de modo que eles possam ter negócios sustentáveis e obter lucros maiores.

- Ajudar os clientes a administrarem cada aspecto de sua riqueza de modo que possam se assegurar de que nada foi negligenciado na administração de sua riqueza.

Essas duas declarações estão muito focadas em O QUÊs – não em PORQUÊs.

Descobrir um PORQUÊ tem a ver tanto com a jornada quanto com o destino. O processo nos permite construir o tipo de ligação emocional com o PORQUÊ que o tornará autêntico, verdadeiro e duradouro. No decorrer dos meses e anos depois da sua sessão de descoberta, é possível que as palavras da Declaração do Porquê da organização mudem um pouco. O que não deve mudar é o sentimento *por trás* das palavras.

★ ★ ★

Encerrando a sessão

(⏱ 10–15 MINUTOS)

O processo de Descoberta do Porquê gera muita energia. Ao fim de uma sessão, muitas pessoas estão estimuladas e motivadas a levar o PORQUÊ adiante. Ajude-as a usar essa motivação. Mesmo que ainda não se tenha chegado a um consenso quanto a um Rascunho da Declaração do Porquê definitivo, dedique a parte final da sessão a discutir as maneiras pelas quais os participantes podem colocar seu PORQUÊ em prática. Eis algumas ideias de como dar vida ao PORQUÊ no dia a dia:

- Recompensem o comportamento que desejam ver. Quando virem pessoas agindo de maneiras alinhadas com o PORQUÊ, reconheçam isso e as elogiem.
- Reformulem os O QUÊs e COMOs no contexto do PORQUÊ. Ao designar novas tarefas ou implementar novas estratégias, assegurem-se de que as pessoas possam ver *como* essas coisas são expressões do PORQUÊ.

- Tenham consciência da sua liderança. Adotem o hábito de perguntar a si mesmos: "O que fiz hoje como líder que foi uma manifestação tangível do nosso PORQUÊ?"
- Deem a cada um na organização a oportunidade de descobrir o próprio PORQUÊ e de aprender como ele se encaixa no PORQUÊ da organização.

Compartilhamos com você todos as etapas para a condução de uma Descoberta do Porquê Tribal. Como você bem sabe, assumir a tarefa de facilitador é muito mais do que seguir passos. É tanto uma arte quanto uma ciência. Somente com a experiência você encontrará o equilíbrio que torna esse processo unicamente seu. Ajudar tribos a encontrar seu PORQUÊ é uma das coisas que mais gostamos de fazer. Isso nos deixa muito realizados. Embora tenhamos feito muitas Descobertas do Porquê, ainda sentimos um frio na barriga quando nos colocamos diante de uma sala cheia de gente ansiosa por descobrir o PORQUÊ da própria tribo. Nessas situações, respiramos fundo e nos sentimos energizados pelo fato de estarmos prestando um serviço às pessoas presentes na sala. Parte de ser um grande facilitador é saber quando seguir as etapas e quando confiar na intuição. O equilíbrio habilidoso é permitir que cada tribo encontre o próprio caminho para descobrir seu PORQUÊ.

No Apêndice 3, no final do livro, descrevemos alguns dos pontos essenciais para facilitar esta sessão. Pode ser bom consultá-lo e acrescentar suas próprias anotações quando estiver se preparando para seu primeiro workshop de Descoberta do Porquê.

Boa sorte e continue inspirando!

CAPÍTULO 6

Declare seus COMOs

Até este ponto, nos concentramos em articular sua Declaração do Porquê individual ou tribal. O objetivo deste capítulo é ajudá-lo a completar seu Círculo Dourado. Caso não se lembre, o Círculo Dourado é formado por três partes: PORQUÊ, COMO e O QUÊ. Todas são igualmente importantes. Quando esses três elementos estão em equilíbrio, estamos em nossa melhor forma – verdadeiramente vivendo nosso PORQUÊ. O PORQUÊ é nosso propósito, causa ou crença – a força motivadora por trás de tudo que fazemos. Nossos COMOs são as ações que realizamos quando estamos em nossa melhor forma para dar vida ao nosso PORQUÊ. Nossos O QUÊs são a manifestação tangível do nosso PORQUÊ, o trabalho propriamente dito que fazemos todos os dias. Embora outros indivíduos ou organizações possam expressar seus PORQUÊs de uma maneira parecida com a sua, é COMO você dá vida ao seu PORQUÊ que o torna único. Consequentemente, a combinação do seu PORQUÊ com seus COMOs é tão exclusivamente sua quanto suas impressões digitais.

Assim como a Declaração do Porquê, os COMOs não são aspiracionais. Eles não expressam quem *queremos* ser, mas a maneira como realmente nos comportamos – as coisas que realmente fazemos – quando estamos em nossa melhor forma. Eles são ações que podemos escolher realizar diariamente para assegurar que estejamos criando o tipo de ambiente no qual prosperamos.

Você já estabeleceu a base para articular seus COMOs, pois eles se originam dos temas que listou no processo de Descoberta do Porquê. Os temas que não entraram na sua Declaração do Porquê servirão como o alicerce dos seus COMOs – que nos levam da teoria à prática.

Seus COMOs são seus pontos fortes

Durante o processo de Descoberta do Porquê individual ou tribal, você identificou vários temas. Esses são seus pontos fortes. É provável que seu parceiro ou facilitador o tenha ajudado a descobrir temas que você nem se dava conta de que eram grande parte de quem você ou sua tribo são em sua melhor forma. Esses comportamentos lhe parecem tão naturais que você pode pensar: "O que há de mais nisso? Não é o que qualquer outra pessoa teria feito nessa situação?" A realidade é que o que valorizamos e a maneira que nos comportamos em nome desses valores pode diferir muito de uma pessoa para outra e de uma tribo para outra. Como parceiro ou facilitador, uma das coisas que mais gostamos é de ajudar as pessoas a verem quão únicas e extraordinárias realmente são – aquele momento em que alguém é capaz de recuar um pouco, olhar para os próprios padrões e reconhecer quanto são espetacularmente incríveis. Seus COMOs são os ingredientes dos quais você precisa para estar em sua melhor forma. Juntos, eles são sua receita para o sucesso – seus pontos fortes. E isso vale tanto para um indivíduo quanto para uma tribo.

Para entender isso melhor, vejamos os COMOs da perspectiva individual. Uma vez que somos animais sociais, nem sempre operamos inteiramente por conta própria – precisamos de outras pessoas para sobreviver e prosperar. Conhecer o PORQUÊ e os COMOs de quem está à nossa volta pode ser uma vantagem enorme. Na Start With Why, temos uma cultura que se concentra em ajudar as pessoas a atuarem em função de seus pontos fortes. Isso não significa que nós não trabalhamos duro para aumentar a consciência dos nossos pontos fracos, mas, em vez de tentar dominar algo que não nos vem naturalmente, nos concentramos em formar equipes de modo que possamos contar com os pontos fortes dos outros.

Por exemplo, o PORQUÊ de David é *incentivar as pessoas a progredirem de modo que elas possam deixar sua marca no mundo*. Os COMOs dele são:

- Ver o quadro geral
- Assumir responsabilidade
- Explorar perspectivas alternativas
- Colocar um ponto final (ou seja, se começar algo, termine)
- Aprender com cada experiência

O PORQUÊ de Peter é *possibilitar que as pessoas sejam extraordinárias de modo que possam fazer coisas extraordinárias*. Os COMOs dele são:

- Simplificar
- Ver de cima (ou seja, ver o contexto mais amplo)
- Abraçar ideias novas
- Construir relacionamentos
- Expandir os limites

Nossas Declarações do Porquê estão alinhadas. Embora usemos palavras diferentes para expressar nosso propósito, causa ou crença, nós dois nos esforçamos para ajudar os outros a serem as melhores versões de si mesmos. Esse alinhamento faz com que trabalhar juntos seja muito gratificante para nós. No entanto, são nossos diferentes pontos fortes – nossos COMOs complementares – que nos permitem ter um impacto muito maior juntos do que qualquer um de nós poderia ter sozinho.

Certa vez, um cliente pediu que conduzíssemos com 150 pessoas um workshop que geralmente conduzimos com 40. Até achamos que era possível fazer isso, mas, para obter os melhores resultados, sentimos que precisávamos de um dia inteiro. O cliente só tinha disponível um período de quatro horas. Nossa reação inicial foi: "Impossível!" Embora outros pudessem ter jogado a toalha naquele instante, *nós* não conseguimos deixar de ver aquilo como uma oportunidade de ajudar 150 pessoas a serem o melhor que poderiam ser. (Veja nossas Declarações do Porquê na página anterior!)

Para descobrir a melhor maneira de alavancar essa oportunidade de modo a envolver e inspirar os participantes do workshop no tempo alocado, unimos nossas cabeças – ou melhor, nossos COMOs.

Instintivamente, queríamos deixar clara a situação diante de nós. O "ver o quadro geral" de David e o "ver de cima" de Peter são de natureza parecida. Ambos valorizamos mais a estratégia do que a ação. Foi bom que esse fosse um ponto forte de ambos, pois provou ser algo necessário para decifrar o código.

Para realizar aquela tarefa, precisaríamos sair muito da nossa zona de conforto. Precisaríamos realizar algo com o qual estávamos muito familiarizados, mas de maneira muito diferente.

Embora Peter seja muito bom e aberto a "abraçar ideias novas", foi a capacidade de David de "explorar perspectivas alternativas" que salvou o dia. David é ótimo em decifrar como adotar conteúdos de uma maneira completamente não convencional para assegurar que as pessoas tenham uma experiência poderosa e transformadora.

Quando definimos nossa receita para o sucesso, enfrentamos um grande desafio. Nossa receita era muito complexa. O número de engrenagens necessárias para conduzir com eficiência aquele workshop era gigantesco e os detalhes da execução eram intricados. Como poderíamos transmitir isso ao cliente? Simplificaríamos. Foi aí que Peter assumiu a frente em "simplificar", garantindo que todos poderiam entender claramente e apoiar o plano. No fim, conseguimos conduzir o workshop para uma plateia muito maior do que a habitual, o que nos deixou muito realizados, pois fomos capazes de desenvolver nossos PORQUÊs de incentivar as pessoas a progredirem e de possibilitar que elas sejam extraordinárias na vida.

Você talvez pense que isso parece um pouco simples demais. A verdade é que a questão de formar uma equipe é bastante complexa. É confusa, sem roteiro: humana. Dito isso, nossos COMOs nos proporcionam uma linguagem em comum para que um veja os pontos fortes do outro, tornando mais fácil colaborar com os nossos colegas de equipe e depender deles para fazer as coisas. Em resumo, é quando focamos nos nossos pontos fortes e nos apoiamos nos dos outros que podemos tornar possível o impossível.

> **A maior contribuição de um líder é formar novos líderes.**

COMOs como filtros

Quando nossos COMOs são anunciados com clareza, temos uma receita na qual podemos nos inserir e com a qual temos a possibilidade de criar ambientes em que somos capazes de atuar em nossa melhor forma. Não vivemos num mundo perfeito. Embora não seja possível fazer isso em todas as situações, o que importa é procurar e agarrar as oportunidades nas quais cada um de nós possa ter o maior impacto possível na vida dos outros e, como resultado, se sentir mais realizado.

Para ajudar a garantir que as pessoas com quem formamos parcerias, os projetos que assumimos e as organizações nas quais escolhemos trabalhar estejam alinhados com nossos valores pessoais, podemos usar nossos COMOs como um filtro. Depois que você os tiver declarado de maneira simples e executável, é útil adicionar alguns tópicos para esclarecer o que eles significam na prática. Esse detalhe adicional é útil para você e para aqueles com quem colabora. Para usarmos o exemplo de um indivíduo, veja a seguir como Simon faz isso:

Os COMOs de Simon são:

1. Adotar a perspectiva não convencional
    - Ver as coisas de um ângulo diferente. Abrir-se para fazer as coisas de maneira diferente.
    - Perguntar-se: "Existe alguma outra maneira, possivelmente melhor, de fazer isso?"
    - Tentar algo. Se não funcionar, tentar outra coisa.

2. Manter a simplicidade
    - Quando as coisas são simples, todos podem entender. Se uma criança de 10 anos puder entender o que você está dizendo, então você está pronto para seguir em frente.
    - Linguagem e ideias simples são facilmente compreendidas e mais fáceis de executar.

3. Ver o lado bom
    - Encontrar algo positivo em todas as situações e em todas as pessoas.

4. Compartilhar tudo
   - Compartilhar ideias e sentimentos. Convidar e ensinar os outros a compartilharem também.
   - Compartilhar sua ideia, especialmente se ela não for perfeita. Até mesmo as "piores" ideias podem ser desenvolvidas.
   - Os outros não saberão como se sente ou o que deseja até que você diga.

5. Concentrar-se no longo prazo
   - Construir algo que durará mais do que todos nós.
   - Concentrar-se mais no embalo e na tendência do que em alcançar números e prazos arbitrários.

Simon pratica seus COMOs diariamente. Ele os utiliza para determinar se um novo projeto ou oportunidade lhe permitirá viver seu PORQUÊ da maneira mais plena possível. Anos atrás, um líder perguntou a ele se poderia ajudá-lo a criar uma organização que colocasse as pessoas em primeiro lugar. Simon gostou imediatamente dele e a proposta inicial despertou seu interesse. Lembre-se de que o PORQUÊ de Simon é inspirar as pessoas a fazerem as coisas que as inspiram, de modo que, juntos, possamos mudar o mundo. Ele sabe que culturas que colocam as pessoas em primeiro lugar são mais inspiradoras tanto para os funcionários quanto para os clientes. E também sabe que não é fácil ajudar uma empresa a mudar não apenas seu modo de pensar, mas também seus sistemas e processos para colocar as pessoas em primeiro lugar. Para ser bem-sucedida, aquela colaboração precisaria ser de longo prazo, de modo que Simon sabia que necessitava se assegurar de que eles se encaixariam bem. Embora Simon e o líder estivessem alinhados no nível do PORQUÊ, esse é apenas o primeiro filtro.

Simon tinha um bom pressentimento em relação à ideia, mas dedicou algum tempo a fazer perguntas sobre como aquele líder vislumbrava o funcionamento da possível parceria. Entusiasmado, o executivo lhe apresentou um diagrama complexo e detalhado sobre como a iniciativa se desdobraria. Ele explicou a Simon que, para decidir investir no projeto, a diretoria desejaria resultados rápidos.

Sinais de alerta surgiram imediatamente. Aquele diagrama complexo, somado ao desejo de "resultados rápidos", provavelmente não significava um progresso de longo prazo (veja o COMO: Concentrar-se no longo prazo). Simon manifestou sua preocupação e perguntou ao líder o que ele queria dizer com "resultados rápidos". Se a diretoria desejasse ver as coisas rumando na direção certa nos primeiros poucos meses, Simon sentia que poderiam encontrar alguns métodos para mensurar isso. Ele explicou que, se fosse colaborar com essa organização, o líder e a diretoria precisariam estar abertos a algumas perspectivas radicalmente novas (veja o COMO: Adotar a perspectiva não convencional). Para provocar a mudança desejada, eles precisariam estar abertos a adotar uma abordagem diferente da que vinham adotando. Por fim, ficou claro que a mentalidade de complexidade (veja o COMO: Manter a simplicidade), de curto prazo e de liderança não formariam um bom encaixe para nenhuma das partes.

Aquela era uma organização grande, uma ótima oportunidade para tocar a vida de muitas pessoas. Simon estava no começo da carreira e aquela empresa ficaria muito bem na sua lista de clientes. No entanto, não parecia certo. Ele sabia, por experiência própria, que era melhor ficar de lado e torcer pela organização do que se envolver ativamente num relacionamento que com certeza seria difícil para os dois, pois ele não estaria num ambiente no qual se encontraria em sua melhor forma. Como Simon acreditava que o líder realmente desejava fazer uma mudança na sua organização, ele o apresentou a alguns de seus contatos que considerou que se encaixariam melhor.

Comece utilizando seus COMOs para filtrar decisões importantes. Apesar de reconhecer que nem todo relacionamento, projeto ou parceria estará perfeitamente alinhado com todos os seus COMOs, você terá uma boa noção de onde surgirão desafios ou tensões. Saber disso pode lhe dar a oportunidade de falar antecipadamente sobre problemas em potencial, proporcionando a você e à pessoa com quem estiver colaborando a melhor conjuntura possível para que a parceria prospere.

Isso também funciona ao contrário. Quando você se encontrar numa situação na qual se sinta frustrado – quando algo "não parece certo", mas você ainda "não consegue definir o que é" –, use seus COMOs para ver se consegue descobrir o que não está alinhado. Às vezes, só de ler as listas de COMOs você será capaz de colocar imediatamente em palavras o que não está funcionando. Ao colocar sua frustração em palavras, fica mais fácil pedir o que você precisa para pôr as coisas de volta nos eixos.

Na Start With Why, incentivamos os membros da equipe que estejam sob tensão a olhar não apenas o próprio Círculo Dourado, mas também o do colega com quem estão frustrados. Temos os Círculos Dourados à disposição para qualquer membro da equipe poder consultar o PORQUÊ e os COMOs de qualquer colega a qualquer momento. Às vezes, ocorre que o que mais nos incomoda a respeito de outra pessoa é o ponto forte dela! Perceber isso possibilita ter mais empatia e nos ajuda a apreciar os talentos dos nossos parceiros, além de nos permitir conversar sobre as tensões numa linguagem comum, o que nos ajuda a superá-las mais rapidamente. Como a maioria dos recursos, quanto mais praticar conversar sobre seus COMOs e utilizá-los como ferramentas, mais habilidoso você se tornará.

Valores corporativos *versus* COMOs

O processo para expressar os COMOs de uma organização é muito parecido com a abordagem individual. Os COMOs de uma tribo são princípios orientadores que nascem dos temas que surgiram durante o processo de Descoberta do Porquê. Ainda assim, muitas vezes, quando somos chamados para realizar um workshop de descoberta, a organização já tem um conjunto de valores socializados. Em muitos casos, embora estejam escritos em letras garrafais na parede, somos capazes de notar rapidamente que, na verdade, poucas pessoas sabem o que realmente significam. Se você perguntar a um punhado de pessoas em diferentes níveis da organização o que significa o valor fundamental "integridade" e ouvir um punhado de respostas diferentes, esse é o sinal.

Muitos de nós já trabalhamos para uma companhia que listava seus valores fundamentais em todas as paredes da sala de conferências. Entre eles, havia palavras de efeito comum como "honestidade", "trabalho duro", "diversidade" e, sim, "integridade". Todos esses valores são bons. Mas não são COMOs.

A maioria das companhias não baseia seus valores fundamentais no entendimento de como é o desempenho da organização em sua melhor forma. Geralmente, valores fundamentais são aspiracionais. Eles expressam as qualidades que a companhia *gostaria* que seus funcionários incorporassem, não as que ela realmente demonstra. Lembre-se de que os COMOs não são aspiracionais. Eles não expressam quem *queremos* ser, mas a maneira como realmente nos comportamos – as coisas que realmente fazemos – quando estamos em nossa melhor forma.

A outra diferença entre COMOs e valores fundamentais é que os valores não são ações propriamente ditas. "Cortesia" é um valor. "Tratar as pessoas com gentileza e respeito" é um COMO. A distinção é ainda mais importante quando as aplicações de um valor fundamental não são imediatamente aparentes. Imagine alguém no primeiro dia de um novo emprego e vendo um cartaz com os valores fundamentais da companhia no refeitório. Ao ver a palavra "integridade", essa pessoa pode pensar: "Claro, com certeza. Mas o que vocês querem que eu faça?" Agora, imagine que o mesmo funcionário receba uma cópia da Declaração do Porquê da empresa e veja o COMO: "Sempre dizer a verdade." Depois, mais tarde naquele dia, durante o treinamento, ele ouve seu supervisor dizer: "Não representamos erroneamente a eficiência do nosso produto nem mesmo para efetuar uma venda." Nesse caso, ele provavelmente diria: "Entendi. Posso fazer isso." Se esperamos que as pessoas vivam os valores fundamentais de uma organização, precisamos ser capazes de dizer a elas como eles são quando postos em ação. Em outras palavras: os COMOs precisam ser simples e executáveis.

Às vezes, nos reunimos com os líderes da organização e, por diversas razões, eles se prendem à sua lista atual de valores. Pode ser que ela tenha sido socializada há tanto tempo que eles pensem que não seria autêntico simplesmente mudá-la do nada. Talvez eles tenham acabado de gastar milhões de dólares pagando uma grande consultoria para ajudá-los a elaborar e apresentar seus valores, e mudá-los pareceria um sinal de fraqueza. Seja qual for a razão, se você se encontra nessa situação, recomendamos que realize o processo da Abordagem Tribal exatamente como aconselhado nos Capítulos 4 e 5 e depois use os temas descobertos para acrescentar um pouco de cor aos valores que a corporação já tem. Provavelmente encontrará algumas interseções claras entre o que eles já possuem e os temas encontrados. Ajude-os a criar uma conexão mais profunda e significativa no ponto em que as coisas naturalmente se cruzam.

Seus COMOs dão vida ao seu PORQUÊ

No final da década de 1950, Enrique Uribe, que morava na Costa Rica, decidiu importar uma ideia que havia revolucionado as compras nos Estados Unidos. Na Costa Rica, as pessoas estavam habituadas a entrar num mercado e a pedir à pessoa do outro lado do balcão o que precisavam – um quilo de farinha, um litro de óleo de cozinha, um pão. O funcionário pesava a farinha que tirava de uma saca grande e o óleo que tirava de um barril e os entregava ao cliente. Durante muito tempo, esse também fora o sistema nos Estados Unidos, mas agora era diferente. Mercados self-service, que tinham se tornado a norma nos Estados Unidos, organizavam todos os produtos em prateleiras e deixavam os clientes selecionarem o que queriam e levarem os itens até o balcão. Essa nova forma de fazer compras significava que mais escolhas eram oferecidas e mais clientes poderiam ser atendidos. Enrique queria que esse também fosse o futuro das compras na Costa Rica, mas, como qualquer pessoa com uma nova ideia que desafia a tradição, ele enfrentou resistência.

As pessoas tinham várias razões para ridicularizar a visão de Enrique. Algumas previram um aumento no número de furtos nos mercados. Outras simplesmente preferiam ter um atendente para fazer o trabalho de reunir todos os itens. Outras ainda destacaram que toda a cadeia de fornecimento precisaria ser reinventada. Os produtos não poderiam mais chegar em barris e sacas, pois precisariam ser embalados individualmente. E os mercados teriam que manter estoques maiores.

Em 1960, Enrique, junto com os irmãos Marta, Flory e Luis, abriu o Mas x Menos, um supermercado que deu vida à sua visão de uma nova maneira de fazer compras. E as pessoas gostaram. À medida que o Mas x Menos crescia e se tornava a maior rede de varejo do país, com mais de 500 lojas, ele remodelou completamente o mercado. (O trocadilho é intencional.)

Os filhos de Enrique, Rodrigo e Carlos, levaram adiante a paixão do pai por inovação. Embora tenham acabado vendendo a cadeia de supermercados, os irmãos fundaram a Cuestamoras, uma matriz de mais de uma dezena de negócios abrangendo as áreas de saúde, hotelaria, desenvolvimento urbano e energia. Mas, com o passar dos anos, à medida que a Cuestamoras crescia, Rodrigo e Carlos, que atuam como presidente e vice-presidente executivos, começaram a reconhecer que tinham um problema.

Como uma matriz de tantos negócios em tantas áreas diferentes, a Cuestamoras corria o risco de perder a ligação com o que os irmãos sentiam que sua companhia representava – o propósito da sua fundação. Isso é muito comum entre companhias que se expandem além de seu produto ou serviço original. Elas se tornam tão focadas no que estão fazendo que perdem o contato com a razão por que começaram e a maneira como deveriam continuar. Portanto, em 2014 os irmãos Uribe decidiram articular apropriadamente o PORQUÊ da companhia para descobrir o fio condutor principal que conecta tudo que ela faz agora com tudo que veio antes. Ao realizarem o processo de Descoberta do Porquê Individual, os irmãos identificaram o propósito mais abrangente da Cuestamoras: *inovar incansavelmente de modo a criar oportunidades para todos*.

Eles também identificaram e articularam os COMOs nos quais se apoiam para tomar decisões e administrar seus negócios:

- Inovar
- Abraçar mudanças
- Aprender com humildade

- Fazer o que é certo
- Trabalhar em conjunto

Agora a companhia valoriza muito a execução de seus COMOs com um alto grau de disciplina. Embora seus O QUÊs sejam variados, eles abordam cada novo projeto seguindo o que chamam de Sistema Cuestamoras. O primeiro passo é se perguntar: "Realizar este projeto nos ajudará a dar vida ao nosso PORQUÊ?" Se a resposta for sim, a companhia então se assegura de que seguirá seus COMOs durante todo o desenvolvimento do projeto.

Embora o negócio da família tenha mudado e se expandido muito desde a década de 1950, o verdadeiro legado de Enrique continua vivo através de seus filhos, pois eles redescobriram seu PORQUÊ – enraizado na primeira loja do Mas x Menos – e o reforçaram com valores e comportamentos alinhados com os do fundador. Enquanto esse PORQUÊ e esses COMOs permanecerem em primeiro lugar e no centro de tudo, não importa em quantos negócios ou áreas Rodrigo e Carlos entrem. Por mais que mudem os O QUÊs de sua companhia, continuarão a trazer inspiração a longo prazo.

Antes de identificar seus COMOs, um breve aviso. Os exemplos de COMOs sobre os quais você leu neste capítulo estão relacionados a pessoas e organizações específicas. Evite pensar que seus COMOs precisam ser os mesmos ou sequer parecidos. Não precisam! Seus COMOs virão das histórias que você ou seu grupo compartilharam durante o processo de Descoberta do Porquê. É isso que os torna autênticos e reais, e não uma frase de efeito elaborada apenas para soar bem.

★ ★ ★

Aqui está seu mapa para o processo de articular seus COMOs. O modelo é o mesmo tanto para indivíduos quanto para tribos.

LIMITE OS TEMAS RESTANTES → **DECLARE SEUS COMOS** → **FORNEÇA CONTEXTO**

O processo dos COMOs

Ao passar pelo processo de Descoberta do PORQUÊ, você identificou uma série de temas nas histórias que contou. Um ou dois desses temas – os que geraram mais identificação – foram incorporados à sua Declaração do Porquê. Os outros ficaram aguardando para que você fizesse algo com eles depois. Agora, chegou essa hora. O restante deste capítulo é dedicado a lhe mostrar como transformar os temas remanescentes em COMOs seguindo os três passos descritos no mapa acima.

Limite os temas restantes

Pegue sua lista de temas e exclua os que você transferiu para a Declaração do Porquê. Em seguida, limite a lista de temas restantes até que você tenha não mais do que cinco. Por que cinco, e não seis? Não existe uma explicação científica. É só que, nos milhares de vezes que realizamos esse processo, descobrimos consistentemente que os temas podem ser reduzidos com sucesso a um máximo de cinco ideias separadas e distintas. Às vezes, há apenas quatro, mas nunca mais do que cinco. Mostraremos a seguir como focar em seus temas. A Abordagem Tribal o deixou com uma lista de verbos e ações (por exemplo, abraçar o desconhecido, proteger, conectar), então usaremos um exemplo de como um indivíduo realizaria o processo, pois os temas dele podem precisar de algum trabalho adicional. Uma tribo segue o mesmo processo.

Depois de elaborar um rascunho da Declaração do Porquê, essa pessoa ficou com estes temas restantes em sua lista:

- Alegria
- Otimismo
- Conexão
- Sensação de segurança
- Sempre aprendeu com os outros
- Sempre existe uma solução
- Protegeu entes queridos
- Solução de problemas

Em primeiro lugar, veja se há temas que expressam ideias parecidas. Depois de identificar essas sobreposições ou redundâncias, você tem duas opções – manter um e excluir outro *ou* combiná-los para criar um novo tema. No exemplo anterior, "protegeu entes queridos" e "sensação de segurança" possuem uma essência muito parecida. Se um *soasse* melhor do que outro, seria com ele que ficaríamos. Nesse caso, criamos uma frase baseada em ambos: "Fazendo com que os outros se sintam seguros."

Outra sobreposição foi "sempre existe uma solução" e "solução de problemas". Novamente, poderíamos manter apenas um ou combiná-los. Aqui, pareceu melhor manter "sempre existe uma solução".

Da mesma forma, outro par era "alegria" e "otimismo". Um dicionário definiria essas duas palavras de modo diferente, mas lembre que, para os propósitos do exercício de descoberta, não somos guiados pelo sentido dicionarizado das palavras, mas *pelas histórias que inspiraram esses temas em primeiro lugar*. Nesse caso, escolhemos manter "otimismo".

Agora, temos uma lista final com cinco temas:

- Otimismo
- Conexão
- Fazendo com que os outros se sintam seguros
- Sempre aprendeu com os outros
- Sempre existe uma solução

Agora você pode aplicar esse mesmo processo para limitar os seus temas.

Declare seus COMOs

Os COMOs devem ser ações, pois são as coisas que você *faz* para dar vida ao seu PORQUÊ. Características e atributos, como "honestidade", ou adjetivos, como "determinado", não são ações. Transformamos temas em COMOs tornando-os executáveis. É possível que alguns dos seus temas já estejam na forma de um verbo ou ação, o que é ótimo. Para aqueles que são características ou adjetivos, você deverá proceder da maneira a seguir descrita.

Considere um dos temas da nossa lista de exemplos:

- Otimismo

Há várias maneiras de transformar o substantivo "otimismo" num COMO. Eis algumas possibilidades:

- Encontrar o lado positivo de tudo
- Ver o copo meio cheio
- Olhar para a frente, não para trás
- Encontrar o lado bom por trás de todo problema

Depois de investigar as histórias, concordamos que "encontrar o lado positivo de tudo" realmente incorporava o que ele queria dizer quando escrevemos o tema "otimismo".

Os outros temas na lista estão quase prontos e só precisam de um pequeno ajuste para se tornarem ações:

- Conexão ➜ Conectar-se com as pessoas de maneiras significativas
- Fazendo com que os outros se sintam seguros ➜ Fazer com que os outros se sintam seguros
- Sempre aprendeu com os outros ➜ Aprender alguma coisa com todo mundo
- Sempre existe uma solução ➜ Procurar soluções criativas

Repare como o simples ajuste na linguagem transformou essas palavras ou expressões passivas em ações que podemos efetivamente realizar diariamente.

Eis a lista final de COMOs do nosso exemplo:

- Encontrar o lado positivo de tudo
- Conectar-se com as pessoas de maneiras significativas
- Fazer com que os outros se sintam seguros
- Aprender alguma coisa com todo mundo
- Procurar soluções criativas

Temos algumas preferências pessoais que compartilharemos com você. Não gostamos de usar os verbos "ser" e "estar", pois na nossa opinião eles não parecem ativos. Podemos sentir a diferença entre "estar conectado" e "conectar-se com pessoas de maneiras significativas" ou entre "ser positivo" e "encontrar o lado positivo de tudo". Também aconselhamos você a abandonar o gerúndio. Remova o "ndo" dos seus verbos. Isso é mais inclusivo e tem como resultado uma instrução mais clara. Compare "fazendo com que os outros se sintam seguros" com "fazer com que os outros se sintam seguros".

Existem exceções, e o mais importante a se lembrar é que, se parecer certo para você, está certo.

Assegure-se de utilizar palavras com as quais se identifique e que lembrem a você as histórias por trás delas. É essa conexão emocional que vai inspirá-lo a colocar seus COMOs em ação.

Agora você já pode declarar seus COMOs.

Forneça contexto

Depois de articular seus COMOs, você pode fortalecer sua relação com eles desenvolvendo uma descrição curta que ofereça algum contexto e sugira como eles podem se apresentar na prática. As descrições não precisam ser complicadas. Na verdade, é ótimo que sejam simples. Isso facilita que sejam colocadas em ação.

As descrições para os COMOs do indivíduo do exemplo ficaram assim:

- Encontrar o lado positivo de tudo – Quando as coisas parecerem estar dando errado, procure o que está dando certo.
- Conectar-se com as pessoas de maneiras significativas – Torne as relações mais pessoais e faça com que as pessoas saibam que você se importa com elas.
- Fazer com que os outros se sintam seguros – Inspire confiança nos outros e deixe que as pessoas saibam que podem contar com você.
- Aprender alguma coisa com todo mundo – Esteja aberto às ideias e pontos de vista dos outros, pois todos têm algo a nos ensinar.
- Procurar soluções criativas – Acredite que sempre existe uma solução e não desista até encontrá-la.

Incluímos no final deste capítulo alguns exemplos retirados das Descobertas do Porquê Tribal que facilitamos, assim como o processo passo a passo por meio do qual esses temas foram transformados em COMOs.

Agora você já pode fornecer um contexto para cada um dos seus COMOs e, por fim, tomar nota dos seus O QUÊs.

★ ★ ★

Parabéns. Ao descobrir o PORQUÊ e os COMOs por trás dos seus O QUÊs, você completou seu Círculo Dourado individual ou tribal. À medida que você passar a começar pelo PORQUÊ e a compartilhar sua visão e seus valores com os outros, não se esqueça de usar as histórias do processo de Descoberta do Porquê – a energia e as emoções despertadas por elas são a chave para ser capaz de comunicar autenticamente os valores que você defende.

Mais exemplos tribais

A seguir, veja um exemplo real de um Círculo Dourado articulado a partir de uma Descoberta do Porquê Tribal para uma equipe pequena:
Lista original de verbos:

- Educar
- Capacitar
- Direcionar
- Orientar
- Inspirar
- Colaborar

Essas palavras foram expressas a partir dos seguintes temas:

Conectar, educar, apoiar, colaborar, instilar confiança e inspirar possibilidades.

A partir desses temas, surgiu o PORQUÊ da equipe:

"Conectar e envolver de modo que as pessoas se sintam empoderadas em suas vidas."

Em seguida, vieram os COMOs deles:

- Educar e esclarecer
- Apoiar e direcionar
- Aumentar a colaboração
- Instilar confiança
- Inspirar possibilidades

E, para completar o quadro, aqui estão os O QUÊs deles:

- Construímos a relação que as pessoas têm com a informação para capacitá-las a tomar decisões melhores.
- Proporcionamos confiança para se envolver em questões de TI e tomar decisões de TI.
- Tomamos a frente de decisões de investimentos que afetam a capacidade produtiva da companhia.
- Desenvolvemos aplicativos que incluem a comunidade mais ampla, que, do contrário, ficaria de fora.
- Projetamos e implementamos sistemas para capacitar pessoas a se comunicarem com eficiência, evitando interferências.
- Unimos estratégia e planejamento de TI para assegurar que o futuro do nosso negócio faça sentido.
- Apoiamos a infraestrutura de comunicação que nos apoia.
- Unimos comunidades, dentro e fora da companhia.
- Informamos e inspiramos as pessoas através das possibilidades da TI.

Outro exemplo de um Círculo Dourado, dessa vez criado por uma equipe de menos de 10 pessoas:

Lista original de verbos:

- Motivar
- Confortar
- Apoiar
- Criar
- Inovar
- Inspirar

Esses verbos foram traduzidos nos seguintes temas:

Sentir segurança, apoiar, celebrar diferenças, escutar e reconhecer, estar aberto, colaborar.

A partir desses temas, surgiu o PORQUÊ deles:

"Manter nossa posição de modo que, juntos, consigamos encontrar a coragem para desafiar nossos limites."

E os COMOs deles:

- Apoiar uns aos outros
- Celebrar diferenças
- Reconhecer as pequenas coisas
- Cultivar a abertura
- Reunir talentos

Curiosamente, depois que os membros dessa equipe descobriram seu PORQUÊ e seus COMOs, eles não sentiram necessidade de escrever muito sobre seus O QUÊs:

- Design
- *Branding*
- Engenharia de software
- Astronomia

CAPÍTULO 7

Assuma uma posição

FAÇA AS COISAS NAS QUAIS VOCÊ DIZ ACREDITAR

Dedicar tempo a descobrir seu PORQUÊ e articular seus COMOs é apenas o início da jornada. Depois vem a parte difícil. Precisamos agir em função deles. Precisamos lhes dar vida. Precisamos compartilhá-los.

Compartilhe seu PORQUÊ

Apenas conhecer seu PORQUÊ não fará com que você se sinta instantaneamente confortável em compartilhá-lo. Na verdade, a maioria de nós se comunica por meio dos O QUÊs durante toda a vida. É o que nos ensinaram a fazer. É o exemplo que recebemos. Você pode achar que comunicar seu propósito, sua causa ou crença para os outros é um grande desafio. Se esse é o caso, você não está sozinho!

Lembra-se de quando aprendeu a andar de bicicleta? Você se sentiu desajeitado no começo. Toda vez que montava na bicicleta, você se concentrava em uma estratégia diferente, enquanto, durante todo o tempo, tentava manter o equilíbrio. Você levantava os pés em momentos diferentes, experimentava apertar os freios em intensidades variadas e se esforçava para olhar para onde queria ir, o tempo todo preocupado com o que seus membros deveriam estar fazendo. É provável que tenha caído, mas você montava na bicicleta e tentava outra vez... e outra... e outra. Em pouco tempo, já estava descendo a rua em alta velocidade sem sequer pensar no que fazia. Começar pelo PORQUÊ não é nada diferente disso. Quando você pega a manha, é tão natural quanto andar de bicicleta.

Achamos que o melhor lugar para praticar é entre pessoas desconhecidas. Quando conhecemos alguém pela primeira vez, quase sempre perguntam: "O que você faz?" Essa é a sua oportunidade de começar pelo PORQUÊ. A partir deste momento, estranhos em aviões, pessoas jogando conversa fora em coquetéis e praticamente qualquer um representam sua bicicleta metafórica.

Embora possa recitar sua Declaração do Porquê palavra por palavra, você também pode experimentar variações da sua declaração e das suas histórias para que façam sentido para os outros. Simon, por exemplo, poderia dizer: "Inspiro pessoas a fazerem coisas que as inspirem, de modo que, juntos, possamos mudar o mundo." Essa é a exata Declaração do Porquê dele. Às vezes, ele diz: "Trabalho com líderes para construir organizações inspiradoras que colocam as pessoas em primeiro lugar. Acredito que, se um número suficiente de empresas fizer isso, mudaremos o mundo." Muitas vezes, ele usa nossa declaração de visão para iniciar uma conversa. Se estiver falando sobre a Start With Why, a nossa companhia, ele dirá: "Imaginamos um mundo no qual as pessoas acordem inspiradas para ir ao trabalho, sintam-se seguras desempenhando suas funções e voltem para casa no final do dia realizadas com o que fizeram. Todo produto que criamos, toda parceria que temos e tudo que fazemos é para dar vida a essa visão." Você entendeu a ideia. Não se trata de usar as palavras exatas da sua Declaração do Porquê, embora seja um bom jeito de começar. Trata-se de descobrir maneiras de **compartilhar quem você é e os valores que você defende**.

> Depois de conhecer o seu PORQUÊ, você tem a escolha de vivê-lo todos os dias. Viver seu PORQUÊ significa realizar consistentemente ações que estejam alinhadas com o que você diz. Se disser uma coisa e fizer outra com muita frequência, perderá a confiança dos outros.

Se, nas primeiras duas vezes que experimentar, você não obtiver a reação que esperava, não deixe que isso o desestimule. Ao escrever este capítulo, nós dois compartilhamos algumas histórias constrangedoras das nossas primeiras tentativas de começar pelo PORQUÊ. É sempre mais fácil relembrar e rir depois que você já dominou uma habilidade. Não conhecemos ninguém que tenha escapado das primeiras vezes em que reuniu coragem suficiente para compartilhar o próprio PORQUÊ somente para que a outra pessoa olhasse com cara de quem não entendeu nada. Isso é cair da bicicleta! Vai acontecer. Se essa for a reação que você obtiver, ela pode significar duas coisas.

Primeiro, que você não foi muito claro. O que você queria dizer e o que realmente saiu da sua boca não estavam alinhados. Como andar de bicicleta, o lugar para onde você queria ir e o lugar aonde acabou chegando nem sempre eram o mesmo. A outra possibilidade é que tudo tenha sido dito perfeitamente, mas não tenha gerado identificação na pessoa com quem você estava falando. Lembre-se de que o PORQUÊ é um filtro. Quando você começa pelo PORQUÊ, ele atrai pessoas que acreditam no que você acredita e repele aquelas que não acreditam. Alguém que encerra educadamente a conversa ou muda de assunto provavelmente o fez porque não se identifica com seu PORQUÊ. E está tudo bem com isso. Você não quer perder um monte de tempo jogando conversa fora com alguém que não acredita no que você acredita. Isso é apenas um sinal de que há outras pessoas com quem você poderia ter uma conversa profunda e significativa. Encontre-as!

> Nossas ações reforçam ou prejudicam a confiança e a lealdade que as pessoas sentem em relação a nós. Quando o que dizemos e o que fazemos estão alinhados com aquilo em que acreditamos, estamos vivendo plenamente o nosso PORQUÊ. Você vai escolher assumir uma posição?

Compartilhe o PORQUÊ da tribo
(⏲ 3–4 HORAS)

Uma das maneiras mais eficazes de compartilhar dentro de uma organização é criando uma oportunidade para os outros escutarem a respeito e se sentirem inspirados pelo PORQUÊ. Depois, eles podem assumi-lo para si e colocá-lo em prática. Se sua tribo for tão grande que nem todos tenham podido participar do processo de Descoberta do Porquê, qual é a melhor maneira de compartilhá-lo com todos? Se você for o fundador da organização e tiver descoberto seu PORQUÊ e agora deseje compartilhá-lo com sua tribo, por onde começar?

A seguir, há uma abordagem que usamos para ajudar as pessoas a compartilharem o PORQUÊ com os membros da tribo que não estiveram presentes no processo de descoberta. Você também pode usar essa abordagem para trazer a bordo novos funcionários ou parceiros, assegurando que o PORQUÊ da tribo permaneça vivo à medida que a organização cresce. É um processo simples de três passos, conduzido com 50 pessoas de cada vez, em um workshop com três a quatro horas de duração. O facilitador do processo de Descoberta do Porquê Tribal pode ser um ótimo candidato a conduzir essas sessões também. Eis o mapa: cada etapa é uma conversa facilitada realizada em um ambiente parecido ao recomendado para a Descoberta do Porquê Tribal no Capítulo 4.

COMPARTILHE A EXPERIÊNCIA → **AJUDE OUTROS A SE APROPRIAREM DO PORQUÊ** → **EXPLORE NOVAS OPORTUNIDADES**

SEÇÃO DO FACILITADOR

Quem deve participar?

O ideal é que os participantes deste workshop tenham se oferecido voluntariamente. Nos estágios iniciais do desdobramento da Descoberta do Porquê, você quer os primeiros adotantes, as pessoas que estão interessadas e empolgadas em participar. Lembre-se da **Lei da Difusão da Inovação** sobre a qual Simon fala em *Comece pelo porquê*, que diz que os primeiros adotantes de inovações passarão a disseminá-las com entusiasmo. Se for possível, comece pelas pessoas que estejam mais animadas com o trabalho de Descoberta do Porquê. Os primeiros adotantes o ajudarão a socializar a ideia por toda a organização. Será mais fácil e mais barato utilizar essa abordagem do que um lançamento corporativo de cima para baixo. No fim, o PORQUÊ até pode ser formalmente lançado, ainda que não seja o primeiro passo ideal para socializar a ideia.

Veja o Capítulo 7 de *Comece pelo porquê* para aprender mais sobre esse assunto.

Se você se encontrar em uma situação na qual precise ter algumas pessoas na sala que não se enquadrem no perfil de primeiros adotantes, mas que precisem "subir a bordo" ou "comprar a ideia" para que as coisas sigam adiante, tudo bem. Faça o melhor para assegurar que a maioria dos participantes esteja ansiosa para participar desse novo e empolgante marco da organização.

PASSO 1: COMPARTILHE A EXPERIÊNCIA

(⏱ 60–75 MINUTOS)

Comece o workshop fazendo uma revisão do Círculo Dourado e do conceito do PORQUÊ. É possível que alguns participantes já tenham ouvido algo sobre essas ideias. Outros estarão começando do zero. Todos na sala precisam desenvolver uma compreensão fundamental do que significa começar pelo PORQUÊ. Uma maneira fácil de iniciar a sessão é exibir para eles o vídeo da TED Talk de Simon (https://goo.gl/eAMLjb). Alternativamente, você pode lhes apresentar o conceito por conta própria – slides e anotações gratuitas estão disponíveis em http://bit.ly/FYWresources, em inglês.

Depois de revisar o Círculo Dourado, convide um ou dois membros da equipe que participaram do processo de Descoberta do Porquê a falar sobre ele. Explique antecipadamente que eles não devem revelar de cara a Declaração do Porquê, mas transmitir aos colegas como *se sentiram* durante a experiência de descoberta. Deixe que esses membros da equipe sejam os que mais falem. Contudo, caso precise ajudá-los a começar (ou a continuar), eis algumas perguntas para você guardar na manga. Selecione as que você mais gosta e fique à vontade para acrescentar outras suas.

- Podem contar para a gente o que aconteceu durante a sessão de Descoberta do Porquê?
- Com quais histórias que seus colegas compartilharam vocês mais se identificaram?
- Quais foram os pontos altos da sessão?
- Como o grupo reagiu?
- O que vocês aprenderam sobre sua organização ou seus colegas de trabalho que não sabiam?
- Como o que vocês ouviram durante a sessão faz com que vocês se sintam em relação a trabalhar aqui?
- O que mais os inspirou no processo de Descoberta do Porquê?

Enquanto seus ajudantes estiverem falando, é provável que os outros membros do grupo também queiram fazer perguntas. Estimule todos a participarem e deixe a conversa fluir. Quanto mais o grupo se envolver na discussão, mais os participantes compreenderão o valor do PORQUÊ e mais contribuirão para o workshop.

Não existe um limite de tempo para essa parte do exercício. Portanto, não a apresse. Capte a energia na sala. Quando a interação chegar ao fim naturalmente – o que pode acontecer 15 ou 30 minutos depois –, você pode seguir para o passo 2.

PASSO 2: AJUDE OS OUTROS A SE APROPRIAREM DO PORQUÊ
(⏱ 45–60 MINUTOS)

Agora, a grande revelação: em breve você compartilhará o rascunho da Declaração do Porquê redigido na sessão de descoberta. A melhor maneira de começar é apresentando a estrutura da declaração:

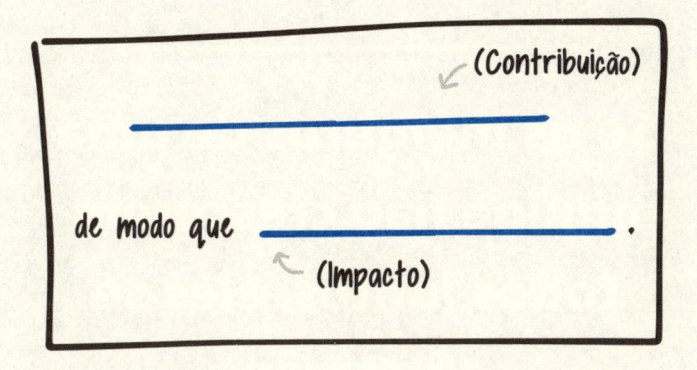

```
                                    ← (Contribuição)
    _____

    de modo que _____.
                  ← (Impacto)
```

Explique que a Declaração do Porquê que os membros da tribo verão foi descoberta (e não criada) a partir dos temas que surgiram nas histórias que seus colegas compartilharam. Mostre o bloco em cavalete da Descoberta do Porquê no qual as palavras e expressões candidatas foram anotadas. Fale sobre o processo por meio do qual você ajudou a reduzi-las para chegar a uma única Declaração do Porquê. Repita as histórias específicas dos participantes sempre que isso parecer útil. Elas ajudarão a dar vida ao PORQUÊ. Se você ainda tiver as páginas dos blocos do processo de Descoberta do Porquê, ou mesmo se tiver fotografias delas, agora é um bom momento para mostrá-las. Ver aquelas páginas marcadas com palavras riscadas e temas circulados pode ajudar todos que não estavam presentes a ter uma ideia de como tudo aconteceu.

> Se os membros de uma equipe não crescerem todos juntos, eles se afastarão.

Quando você finalmente chegar à folha do bloco que revela a Declaração do Porquê, leia-a em voz alta e depois dê ao grupo a oportunidade de assimilá-la.

É nesse ponto que as coisas talvez fiquem um pouco complicadas. As pessoas podem se prender às palavras, não ao significado e ao sentimento por trás delas. Recomendamos que você dedique alguns minutos a informar a todos que as palavras não são perfeitas. Essa é apenas a primeira versão da Declaração do Porquê. Informe ao grupo que, às vezes, as palavras usadas podem mudar um pouco com o tempo, embora o sentimento por trás do PORQUÊ não mude. Estimule-os a evitar as críticas à linguagem por enquanto e, em vez disso, a se concentrar em como pode ser o PORQUÊ quando colocado em ação. Veja se consegue fazer com que todos concordem que têm uma noção – uma sensação – compartilhada em relação ao PORQUÊ, ainda que sua articulação, na cabeça deles, não esteja cem por cento perfeita. Isso o ajudará a não entrar na areia movediça semântica e a manter o embalo.

Nós experimentamos situações nas quais uma ou duas pessoas na sala simplesmente não se identificavam com o PORQUÊ. Alguns dos motivos comuns para isso são:

- No passado, a organização nem sempre viveu seu PORQUÊ.

- O PORQUÊ não está alinhado com o que a organização e/ou os membros da equipe concordaram como sendo sua estratégia atual.

- Às vezes, os membros da equipe sentem que o PORQUÊ está certo, mas não acreditam que todos os funcionários o apoiarão, de modo que acham que precisam mudá-lo.

- Ocasionalmente, um membro da equipe que não se identifica com o PORQUÊ não é um bom encaixe para a empresa.

- Se a maioria da sala não estiver de acordo com a Declaração do Porquê, há uma boa chance de que ela precise ser refinada ainda mais.

Se todos não chegarem a um consenso em relação ao PORQUÊ, tudo bem. Seu objetivo não é convencer todos, mas proporcionar um ambiente no qual eles tenham a oportunidade de se sentir inspirados por ela. Lembre-se de que a ideia toda por trás de articular o PORQUÊ é que possamos trabalhar juntos para fazer uma mudança positiva no mundo.

Agora que todos os participantes têm uma boa compreensão do PORQUÊ e de suas histórias e temas subjacentes, eles estão prontos para serem divididos em grupos e dar continuidade à conversa. Idealmente, cada grupo terá de três a oito pessoas. Os grupos devem ser pequenos o bastante para que possa ocorrer uma troca de ideias eficaz. Cada equipe precisa se apresentar à sala no final da sessão, portanto assegure-se de que não haja grupos demais.

Uma maneira de estimular os participantes a se apropriarem do PORQUÊ é fazer com que cada grupo compartilhe experiências pessoais que o apoiem. Eis algumas propostas para fazê-los começar:

- Conte uma história específica sobre o motivo pelo qual você *ama* trabalhar nessa organização. Compartilhe uma história de quando você se sentiu orgulhoso de fazer parte *dessa* tribo.

- O que a respeito da história que você acaba de compartilhar valida nosso PORQUÊ?

- Quem em nossa empresa melhor incorpora nosso PORQUÊ?

Dê a cada grupo o próprio bloco em cavalete e faça com que os participantes anotem suas respostas para cada uma dessas perguntas como uma lista de frases ou expressões curtas, com ênfase nas *histórias*. Assim como na sessão de Descoberta do Porquê, as histórias que terão mais significado serão as mais *específicas* e *humanas*.

Dedique 20 a 30 minutos a esse exercício. Talvez você precise encerrar esse segmento porque o tempo acabou, e não porque a conversa entre os participantes terminou. Depois de dar por concluída essa parte, faça com que cada grupo apresente sua discussão para o resto da equipe. Isso deve levar de cinco a sete minutos por grupo.

Quando as pessoas se emocionam com a maneira como suas experiências pessoais se alinham com o PORQUÊ, isso significa que elas estão começando a se apropriar dele, o que reforça a conexão delas com o trabalho e entre si. Canalize a energia criada por esse exercício para a parte final do workshop.

PASSO 3: EXPLORE NOVAS OPORTUNIDADES
(⏱ 45 MINUTOS)

Nosso PORQUÊ vem do nosso passado, mas seu valor e sua promessa estão no futuro. Um PORQUÊ inspirador e claramente articulado atua como um trampolim para maneiras novas e diferentes de uma organização progredir. Usar o PORQUÊ da nossa tribo para nos conduzir ao futuro é o foco da parte final desse workshop. Chamamos essa parte de "Conversa de Possibilidades".

Essa é a hora em que os participantes dão ideias sobre como a organização, orientada por seu PORQUÊ, pode avançar de maneiras novas ou diferentes. Isso é mais do que uma sessão comum de brainstorming. Você sabe de que tipo de sessão estamos falando, uma daquelas em que começamos pensando grande até um de nós vislumbrar obstáculos e desafios, e em três minutos a maioria dos participantes estar convencida de que a nova grande ideia é impossível. "Limitações de recursos" é um bicho-papão popular – sem dúvida, você pode pensar em outros. Infelizmente, quando fazemos isso, frustramos nossas ideias antes mesmo de elas começarem e nos impedimos de agir. Limitamos nosso progresso a pequenos passos, quando poderíamos dar saltos gigantescos. Uma Conversa de Possibilidades nos mantém afastados desse caminho excessivamente seguro. Ela nos permite mudar nosso modo de pensar e transformar nossa maneira de agir.

Divida os participantes nos mesmos grupos de antes. Explique que, em uma Conversa de Possibilidades, as limitações de recursos não se aplicam. Estimule os participantes a compartilhar toda e qualquer ideia – afinal de contas, você nunca sabe para onde elas o conduzirão. Já vimos pessoas mencionarem uma ideia que antes foram consideradas absurdas para depois verem como o grupo as transformou em algo que todos ficaram ansiosos por implementar. Quanto maiores as ideias, melhor. Nada está fora de cogitação. Nada é impossível. Nada é "idiota". Ao mesmo tempo, garanta que todos compreendam que uma Conversa de Possibilidades é apenas isto – uma conversa. Se propuser uma ideia e ela for bem recebida, isso *não* significa que você estará comprometido a levá-la adiante. Se as pessoas ficarem com medo de dar uma sugestão por achar que isso vai obrigá-las a torná-la realidade, elas podem guardar para si suas ideias mais ambiciosas. É importante dizer que uma Conversa de Possibilidades é cheia de possibilidades, mas não exige nenhum comprometimento.

Existem apenas duas regras para esse exercício:

- Toda ideia deve estar alinhada com o PORQUÊ.

- Os membros do grupo podem dar ideias novas ou elaborar a partir das ideias dos outros. Mas não podem dizer "De jeito nenhum", "Isso não vai funcionar" ou "Não podemos fazer isso" – não é esse tipo de conversa que estamos tendo.

Para começar, instrua os grupos a responderem à seguinte pergunta:

- Sabendo que este é o seu PORQUÊ, o que poderia ser possível *dentro* da nossa organização? (Por exemplo, pense em quais sistemas e processos poderiam ser modificados ou introduzidos.)

A ideia aqui é fazer com que os membros do grupo olhem para si mesmos. Lembre-se de que devemos praticar o que pregamos; devemos ser o que dizemos que somos. Essa é a oportunidade de assegurar que as coisas que dizemos e as coisas que fazemos dentro da organização sejam um reflexo de quem realmente somos. As pessoas dentro da empresa devem primeiro viver o PORQUÊ umas para as outras. Muitas companhias querem focar diretamente num cliente ou num produto. Estimule-os a permanecer primeiro em uma conversa interna e garanta a eles que passaremos para os O QUÊs em seguida. Essa pergunta pode estimulá-los a começar.

Depois de cerca de 10 minutos, faça uma nova pergunta:

- Considerando o PORQUÊ desta organização, quais outros O QUÊs são possíveis? (Por exemplo, pensem no que mais poderíamos oferecer na forma de produtos ou serviços, ou na maneira que nos comunicamos com as pessoas a quem servimos.)

Com muita frequência, as empresas ficam confortáveis em fornecer seus produtos principais e não consideram quais outros produtos, serviços ou parcerias poderiam ajudá-las a viver seu PORQUÊ. (Se a Apple tivesse agido assim, nenhum de nós teria iPhones, iPads ou o iTunes.) Pedindo especificamente aos participantes que explorem novos produtos ou serviços, essa pergunta tem como objetivo inspirá-los a perceber que um produto pode ser radicalmente diferente do que a companhia oferece atualmente e ainda ser cem por cento compatível com o PORQUÊ da organização.

Os grupos devem escrever seus pensamentos em seus blocos em cavalete. Depois de 20 a 30 minutos, peça-lhes que apresentem suas ideias. À medida que as pessoas forem escutando o que os outros grupos têm a dizer, elas podem ficar inspiradas a pensar em ainda mais possibilidades. É como subir a escadaria de uma torre alta – à medida que você sobe, mais coisas ficam à vista.

Para concluir a Conversa de Possibilidades, pergunte se alguém gostaria de assumir o compromisso de levar adiante o trabalho do PORQUÊ. Especificamente, você deve solicitar que essas pessoas se comprometam a:

- Ser "Defensores do Porquê" e manter o PORQUÊ vivo todos os dias, vivendo-o e compartilhando-o com os outros.

- Pegar qualquer uma das possibilidades identificadas pela equipe e colocá-la em ação.

Se os COMOs não tiverem sido declarados como foi recomendado no Capítulo 6, seria ideal que os voluntários identificassem os COMOs da organização explorando outros temas que surgiram durante a Descoberta do Porquê.

O objetivo é que, ao final desse workshop, os membros da equipe que não participaram do processo de descoberta estejam começando a se apropriar do PORQUÊ, o que libera energia e inspiração. Cada participante terá começado a dar vida ao PORQUÊ com as próprias histórias. Quanto mais eles falarem a respeito, mais o PORQUÊ começará a se fixar. É assim que se mede seu poder.

★ ★ ★

Viva o seu PORQUÊ

Comunicar nosso PORQUÊ é uma parte essencial de identificar as pessoas no mundo que acreditam no que acreditamos, que serão nossos amigos de confiança, clientes leais, funcionários dedicados e parceiros inspirados a dar vida ao nosso PORQUÊ. Isso é extremamente importante. E é apenas o começo.

Para um indivíduo, encontrar seu PORQUÊ talvez o leve a se dar conta de que existe alguma outra coisa que poderia estar fazendo ou algum outro lugar onde poderia estar que provavelmente o deixaria mais realizado. Encontrar o PORQUÊ de uma organização pode levar a uma conclusão parecida. Talvez a companhia devesse oferecer um produto ou serviço diferente ou reconsiderar seu processo de contratação ou seus critérios de medição de progresso. Talvez certos funcionários se saíssem melhor em posições ou divisões diferentes – ou simplesmente não sejam o encaixe perfeito.

Depois de descobrir o PORQUÊ e articular os COMOs, é mais fácil ver quais membros da equipe, estratégias, políticas, procedimentos, sistemas, produtos e comunicações internas e externas estão alinhados ou não com suas crenças fundamentais. É normal que a lista inicial das coisas que você gostaria de mudar seja extensa. Não significa que é necessário fazer mudanças imediatas ou drásticas. Permita que seu PORQUÊ e seus COMOs se acomodem um pouco antes de prosseguir em uma nova direção. Construa o relacionamento com eles à medida que considera como eles poderiam moldar seus próximos passos. Se você decidir que uma mudança parece certa tomando por base o que aprendeu sobre si mesmo e sua organização, comece aos poucos e prossiga com confiança.

Lembre-se de que os momentos em que nos sentimos mais realizados são aqueles nos quais estamos vivendo nosso PORQUÊ. Sempre foi assim – apenas não conseguíamos expressar isso em palavras. Agora você pode compartilhar o seu PORQUÊ e agir intencionalmente em função dele. Quando anota seu PORQUÊ numa folha de papel e o guarda numa gaveta, você tem uma folha de papel na gaveta. Quando *vive* o seu PORQUÊ, você e as pessoas ao seu redor prosperam.

★ ★ ★

Mantenha o PORQUÊ vivo

Recentemente, Peter viajou pela Southwest Airlines de St. Louis, Missouri, para Columbus, Ohio. O voo estava lotado e os compartimentos de bagagem acima dos assentos ficaram cheios. À medida que os últimos passageiros iam embarcando, eles eram instruídos a deixar as bagagens de mão na frente da entrada do avião para que fossem guardadas no compartimento de bagagem. Peter podia ver o comissário de bordo esforçando-se para se assegurar de que cada mala estivesse apropriadamente etiquetada para a transferência.

Essa não é uma cena incomum em voos domésticos. O surpreendente foi o que aconteceu depois. Enquanto Peter observava, o comandante do avião espiou pela porta da cabine de comando e viu o comissário etiquetando malas e as carregando para a ponte de embarque. Imediatamente e sem hesitar, ele saiu do seu assento e começou a ajudar. Peter ficou impressionado. Hoje em dia, existe uma divisão muito clara entre a tripulação de bordo e a tripulação da cabine de comando nas companhias aéreas, mas ali estava um comandante desconsiderando essa divisão para ajudar outro membro da equipe da Southwest e assegurar que as malas dos passageiros fossem despachadas corretamente. Por suas ações, pelo tom com o qual falava com o comissário e pela maneira que lidava com as malas, aquele comandante demonstrou a todos que se importava. Peter olhou para o escudo da companhia aérea, o qual mostra a silhueta de um coração no centro, e sorriu. Ele acabara de demonstrar o PORQUÊ deles em ação.

Para saber mais sobre a Southwest, leia o Capítulo 5 de *Comece pelo porquê*.

A Southwest Airlines é uma companhia que constrói seu negócio em torno da crença de que é fundamental se importar com os funcionários, os quais, por sua vez, se importam com os clientes. Em *Comece pelo porquê*, Simon mencionou essa **companhia aérea** como o exemplo de uma organização que pensa, age e se comunica começando pelo PORQUÊ. Ao escrevermos este livro, sete anos depois, parece que o PORQUÊ da Southwest permanece vivo e cheio de energia.

★ ★ ★

Para que o PORQUÊ permaneça vivo, precisamos mantê-lo no centro e à frente de tudo, comunicando-o e nos comprometendo a vivê-lo – de propósito, com propósito – todos os dias. Do contrário, o PORQUÊ pode se tornar vago, se dissipar ou ser esquecido. Numa organização, quando um PORQUÊ fica vago, denominamos isso de "**ruptura**".

Para saber mais sobre a "ruptura", leia o Capítulo 12 de *Comece pelo porquê*.

O desenvolvimento, crescimento ou os resultados de todas as organizações podem ser medidos em dois eixos. O primeiro é o tempo e o outro é algum parâmetro estabelecido de medição, geralmente o faturamento. Quando uma organização é fundada, o

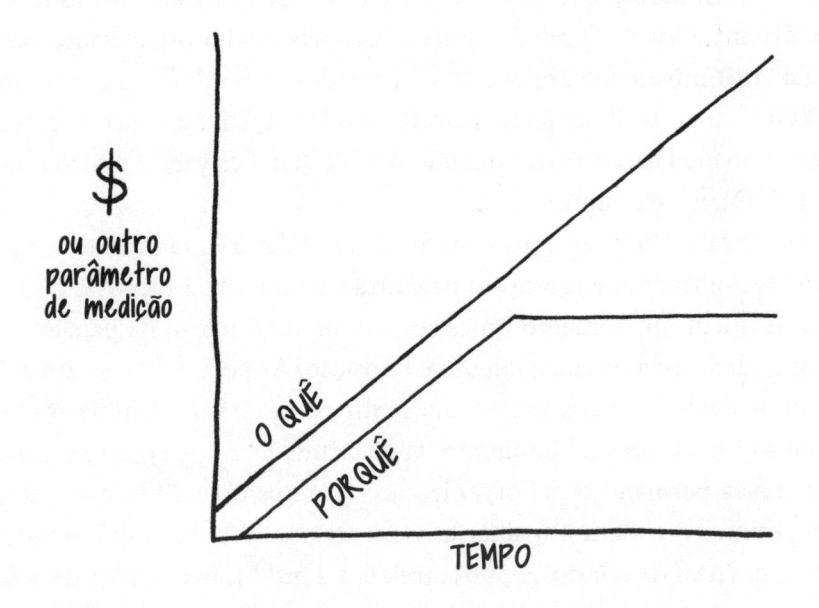

```
        $
  ou outro
  parâmetro
  de medição
                         O QUÊ
                            PORQUÊ
                    TEMPO
```

que ela faz está inextricavelmente ligado à razão *por que* ela faz o que faz, ainda que a companhia não consiga expressar seu PORQUÊ em palavras. À medida que a empresa começa a crescer, seu O QUÊ e seu PORQUÊ andam de mãos dadas. Mas a ruptura se torna uma ameaça real à medida que, com o tempo, a escala do negócio aumenta e cada vez mais pessoas são contratadas.

No início, quando uma organização é pequena, o fundador faz as primeiras contratações e compartilha diretamente sua visão com a equipe. Muitas vezes, a tribo inteira trabalha no mesmo local e geralmente mantém contato diário. Os funcionários são inspirados pela visão do fundador e ficam entusiasmados para ir ao trabalho. Eles dão tudo de si para a empresa, ainda que o salário seja baixo e as jornadas de trabalho, longas. Sob essas circunstâncias, o PORQUÊ permanece vivo e bem.

À medida que a organização cresce, as coisas começam a mudar. O fundador original designa alguém para contratar e gerenciar parte da equipe. Finalmente, uma estrutura administrativa é estabelecida para lidar com o crescimento. A pessoa que foi designada para contratar pessoas escala agora outra pessoa para ajudá-la com essa tarefa. Depois de algum tempo, aqueles funcionários que estão sendo contratados vão ficando cada vez mais distanciados do fundador e da razão pela qual a organização faz o que faz. Instintivamente, os recém-contratados começam a se concentrar no O QUÊ, mais facilmente mensurável, e o PORQUÊ logo torna-se vago. O ponto no qual isso ocorre – quando o PORQUÊ fica vago e o foco muda para o O QUÊ – é a ruptura.

Embora talvez não sejamos capazes de articular a mudança, todos podemos reconhecer quando nossa organização vivencia a ruptura. Os sintomas incluem um aumento no estresse, uma diminuição na paixão e na produtividade, menos engajamento e inovação. As pessoas começam a dizer coisas como: "Eu costumava me sentir parte de uma família. Agora, parece só um emprego." Enquanto, anteriormente, as pessoas se sentiam inspiradas a permanecer na organização, agora os executivos e os gerentes superiores precisam trabalhar ativamente para retê-las, usando táticas como aumentos de salários, bônus atrelados à produção e opções de ações disponíveis somente aos indivíduos que se comprometerem a ficar mais cinco anos na organização. Esse tipo de manipulação baseada no dinheiro pode funcionar a curto prazo, mas inevitavelmente fracassa a longo prazo. Logo a confiança e a lealdade dos funcionários rui, o desempenho é prejudicado, o faturamento cai, as demissões se iniciam e a cultura inteira da empresa começa a ser corroída.

Qualquer organização, mesmo uma com ótima cultura baseada no PORQUÊ, pode se encontrar numa ruptura se perder o foco na razão pela qual faz o que faz. No entanto, estar ciente do problema significa que você, como empresa, pode se proteger disso.

A Ultimate Software oferece um exemplo perfeito de como uma companhia pode evitar a ruptura. Ela não está apenas experimentando um crescimento explosivo como também tem uma cultura próspera que coloca "as pessoas em primeiro lugar". A empresa aparece regularmente na lista das 100 Melhores Companhias para Trabalhar da revista *Fortune*. Em 2017, ficou em sétimo lugar na lista e também obteve o segundo lugar na lista de Companhias que Se Importam da revista *People*.

No começo de 2014, eles nos pediram para nos envolvermos – não porque estivessem experimentando a ruptura, mas porque queriam se vacinar contra ela. Pediram-nos para ajudar a projetar um treinamento de liderança que assegurasse que seus líderes tivessem tudo de que precisam para que pudessem sempre escolher fazer a coisa certa.

A liderança da Ultimate Software conhece seu PORQUÊ: *Atender as pessoas de modo que elas prosperem e se sintam empoderadas para sempre fazer a coisa certa*. Eles usam esse PORQUÊ para moldar a cultura da organização e vislumbram seu futuro através dessa lente. O PORQUÊ deles não é apenas papel de parede corporativo. Eles o vivem e o respiram. E são hipervigilantes na proteção dele. A Ultimate Software evita conscientemente que a ruptura aconteça, alinhando de modo contínuo e incansável O QUE fazem com o PORQUÊ de fazê-lo – e estão se saindo maravilhosamente bem.

★ ★ ★

Quer você esteja protegendo proativamente um PORQUÊ duradouro e próspero ou precise ressuscitar um que tem sido negligenciado ou ignorado, uma das ferramentas mais poderosas à sua disposição é também a mais simples: contar histórias. Isso vale tanto para organizações quanto para indivíduos.

Contar histórias é a maneira pela qual o conhecimento e a compreensão têm sido transmitidos há milênios, desde muito antes da invenção da língua escrita. Contar histórias é parte do que é ser humano. As melhores histórias compartilham nossos valores e crenças – e são poderosas. Essas histórias inspiram. Elas são tanto a fonte do nosso PORQUÊ quanto o combustível que o mantém vivo. É por essa razão que as companhias que compreendem a importância de viver seu PORQUÊ tornam fácil para suas equipes se fortalecerem com histórias.

Ao longo de todo este livro, falamos sobre a importância das histórias para o processo de descoberta. Seu PORQUÊ vem das suas histórias – os momentos na sua vida em que você se sentiu mais realizado, aqueles em que estava em sua melhor forma. Quanto mais agir intencionalmente em função do seu PORQUÊ, mais dessas histórias gratificantes você colecionará. E elas aprofundarão seu relacionamento com seu PORQUÊ, inspirando-o a seguir em frente. E você, por sua vez, inspirará outros.

Continue inspirando

Mencionamos várias vezes que achamos que facilitar Descobertas do Porquê é o trabalho mais realizador e inspirador que fazemos. Descobrir seu PORQUÊ é uma coisa, mas é totalmente diferente ajudar outra pessoa a descobrir o dela. Recomendamos que você faça as duas coisas!

Nossa equipe na Start With Why está trabalhando duro para construir um mundo no qual as pessoas acordem inspiradas para ir ao trabalho, sintam-se seguras desempenhando suas funções e voltem para casa no final do dia se sentindo realizadas com o trabalho que realizam. Estamos nos esforçando para assegurar que cada funcionário tenha um Círculo Dourado em sua mesa e que cada organização possa articular claramente seu propósito, sua causa ou crença mais elevada. Este livro é apenas uma das coisas que estamos fazendo para ajudar a dar vida ao nosso PORQUÊ. Sabemos que não somos capazes de fazer isso sozinhos. Obrigado por se juntar ao movimento, por nos ajudar a compartilhar o PORQUÊ. Continue inspirando!

APÊNDICE 1

Perguntas mais frequentes

Tivemos o privilégio de trabalhar com milhares de pessoas em nossos workshops e elas fizeram perguntas ótimas. Pode ser justo supor que, como o PORQUÊ é a nossa paixão, tenhamos as respostas para todas as perguntas na ponta da língua. Na verdade, temos algumas, mas outras realmente nos desafiaram, e pensar a respeito delas aprofundou, expandiu e esclareceu nossa própria compreensão do PORQUÊ. Achamos que compartilhar as perguntas mais comuns feitas nos workshops, junto a nossas respostas, agregaria valor a este livro. Recomendamos especialmente aos facilitadores que leiam esta seção, pois podem se deparar com perguntas parecidas feitas por participantes de Descobertas do Porquê Tribal.

Para indivíduos

Meu PORQUÊ pode ser a minha família?

A família inspira muito amor e comprometimento, e a maioria de nós deseja muito cuidar do cônjuge ou parceiro e dos filhos. Mas um PORQUÊ é quem somos *onde quer* que estejamos – não apenas em casa, mas também no trabalho ou quando saímos com nossos amigos. Embora possa parecer estranho falar nesses termos, a família é na verdade um O QUÊ. Seu PORQUÊ não virá de falar sobre sua família, mas de falar sobre os sentimentos que ela desperta em você. Durante o processo de Descoberta do Porquê, você vai compreender que a contribuição e seu respectivo impacto na sua família são os mesmos em qualquer situação que desperte o melhor em você. O ponto principal é que sua família não é seu PORQUÊ. A razão pela qual seu melhor amigo ama você é mesma razão pela qual seus entes queridos amam você – e é a mesma razão pela qual seu melhor cliente ou seus melhores colegas também o amam.

Posso ter mais de um PORQUÊ?

Não. Cada um de nós tem apenas um PORQUÊ. O PORQUÊ é o fio condutor comum que desperta o melhor de nós e faz com que nos sintamos mais realizados. Como Simon diz com frequência: "Se, no trabalho, você é diferente do que é em casa, está mentindo em algum desses dois lugares." Quem nós somos em nosso âmago não muda dependendo de onde estivermos. Ou vivemos alinhados com nosso PORQUÊ, ou não. Se você sente que tem um PORQUÊ no trabalho e outro diferente em casa (ou em algum outro contexto), pode estar se concentrando demais no *que* está fazendo em cada local específico. Em vez disso, pense no que há em comum na sua casa e no seu trabalho que faz com que você se sinta inspirado e realizado. É a partir disso que você vai obter a clareza quanto ao seu PORQUÊ.

Meu PORQUÊ pode mudar à medida que fico mais velho?

Nosso PORQUÊ está plenamente formado entre a metade e o final da adolescência. Nessa idade, já experimentamos o bastante e tomamos decisões suficientes para podermos reconhecer as situações nas quais prosperaremos e nas quais isso não acontecerá. Todavia, embora possa ter captado uma noção do seu PORQUÊ naquela idade, você provavelmente não era capaz de expressá-lo. A razão é o fato de o PORQUÊ vir do sistema límbico do cérebro, que não tem acesso à linguagem, de modo que é difícil colocá-lo em palavras. À medida que os anos passam, ganhamos uma compreensão mais profunda do nosso PORQUÊ, da nossa contribuição e do nosso impacto, e assim podemos encontrar uma linguagem mais precisa e significativa com que podemos nos expressar. Contudo, os sentimentos por trás das palavras permanecerão os mesmos. As palavras que você usa poderão mudar, mas seu PORQUÊ, não.

Se, a certa altura da vida, sentirmos que nosso PORQUÊ mudou fundamentalmente, há algumas razões possíveis para isso. A mais comum é que antes não o conhecíamos ou compreendíamos realmente, muitas vezes porque estávamos concentrados demais nos O QUÊs. Ou talvez tenhamos passado por uma experiência transformadora – uma dificuldade pessoal, uma tragédia, a morte de um ente querido. Embora tais acontecimentos realmente nos afetem de forma profunda, eles não mudam quem somos no nosso âmago. Se esses acontecimentos nos inspiram a reconsiderar o que é importante, a viver ou a pensar de maneira mais positiva, não significa que nosso PORQUÊ mudou. Significa apenas que obtivemos uma compreensão mais profunda de nós mesmos e começamos a viver mais próximos do alinhamento com nosso PORQUÊ. Outra perspectiva dessa situação é que um desafio ou uma perda podem nos desequilibrar temporariamente. Quando recuperarmos o equilíbrio, veremos que nosso PORQUÊ é o mesmo que sempre foi.

E se eu não tiver um PORQUÊ?

Você *tem* um PORQUÊ. Todo mundo tem. A única pergunta é se você se permite estar aberto e vulnerável o bastante para descobri-lo. Desde que seja honesto consigo mesmo e com os outros, você *vai descobrir* o seu PORQUÊ. Ele pode não estar perfeitamente articulado ou claro de imediato, mas nunca tivemos que dar a alguém a má notícia de que a pesssoa não tinha um PORQUÊ!

A curva de sino clássica (curva normal) coloca os primeiros adotantes à esquerda, a maioria no meio e os últimos adotantes à direita. O PORQUÊ segue um padrão parecido. Algumas pessoas estão dispostas e ansiosas a descobrir o próprio PORQUÊ. Elas acreditam que PORQUÊs existem e estão dispostas a arriscar um pouco para descobrir qual é o delas. Outras não estão prontas nem dispostas a correr os riscos envolvidos. Por fim, às vezes há aquelas pessoas que, falando com franqueza, simplesmente não se importam. Nosso objetivo não é tentar convencer os que não estão prontos ou os indiferentes. Nosso objetivo é trabalhar com aqueles que ficam inspirados pelo conceito do PORQUÊ e têm um desejo genuíno de descobrir qual é o seu.

Um PORQUÊ pode ser do mal?

Um PORQUÊ, por definição, é positivo e generativo. Ele serve aos outros e contribui positivamente para a vida deles. Aqueles que voltam seu PORQUÊ para fins destrutivos escolheram manifestar seu propósito, sua causa ou crença através de resultados (O QUÊs) que machucam, desrespeitam ou, de alguma outra maneira, não servem aos outros. Nos milhares de Descobertas do Porquê que realizamos, nunca encontramos alguém cuja Declaração do Porquê sugerisse que ele só poderia ser usado para o mal. O que uma pessoa faz em nome do seu PORQUÊ é o que determina como os outros veem suas ações.

Qual é a razão pela qual o PORQUÊ sempre está a serviço dos outros?

Isso se resume à diferença entre felicidade e realização. A felicidade vem das coisas que fazemos para nós mesmos, como comprar um par de sapatos novos ou o mais recente modelo de smartphone – e pode oferecer uma dose rápida de dopamina que faz com que nos sintamos bem. Mas, quando essa sensação passa, precisamos fazer ou comprar outra coisa para obter a próxima dose. Comprar (correr, beber vinho, velejar ou qualquer outra coisa) nos proporciona uma felicidade passageira, mas nunca uma realização duradoura. A felicidade em servir a nós mesmos é real, mas muitas vezes passageira; a realização em servir aos outros é duradoura. O problema ocorre quando há um desequilíbrio entre a busca pela felicidade e a busca por realização. Isso não é apenas filosofia – é biologia. Para mais sobre isso, sugerimos a leitura do livro de Simon *Líderes se servem por último – Como construir equipes seguras e confiantes.*

Ao longo dos anos, conhecemos muitas pessoas que, apesar do salário alto e do estilo de vida luxuoso que o dinheiro pode comprar, não são de fato realizadas e sentem que algo está faltando na vida delas. Ironicamente, as pessoas cujos PORQUÊs estão a serviço dos outros, não de si próprias, são aquelas que, em última análise, servem melhor a si mesmas, pois, no final das contas, são elas que experimentam a realização mais profunda.

Como posso fazer meu PORQUÊ ser diferente do de todas as outras pessoas?

Essa pergunta é fruto da percepção de que todos estamos competindo e que, de alguma maneira, nosso PORQUÊ precisa ser melhor – ou ao menos diferente – do dos nossos rivais. Mas e se só estivermos competindo com nós mesmos? E se nos dispuséssemos todo dia a ser uma versão melhor de nós mesmos, vivendo mais de acordo com nosso PORQUÊ do que no dia anterior?

Quando estamos realmente conectados ao nosso PORQUÊ e às histórias do nosso passado que levaram à sua descoberta, não importa se ele é parecido com o de outra pessoa. Ele é nosso, possui um significado profundo para nós e representa quem somos em nossa melhor forma.

Às vezes, quando as pessoas ouvem falar pela primeira vez no PORQUÊ, elas pensam que estamos falando sobre o "tempero especial" de uma pessoa. O PORQUÊ não trata de descobrir uma vantagem competitiva. Está tudo bem e não é nada surpreendente se todos os seus concorrentes mais próximos tiverem entrado no negócio (seja ele qual for) por razões parecidas com as suas. No entanto, ainda que seu PORQUÊ seja similar ao de seu concorrente, o que provavelmente é muito diferente é a maneira como você dá vida a ele por meio dos princípios, comportamentos e ações que o orientam (seus COMOs). Em outras palavras, você é único, não somente por causa do seu PORQUÊ, mas pela combinação dele com seus COMOs. Essa combinação torna você único.

Se meu PORQUÊ não se alinhar com o trabalho que faço, preciso pedir demissão?

A resposta curta para isso é... talvez. Se seu trabalho e seu PORQUÊ não estiverem alinhados, você não precisa jogar tudo fora necessariamente. Não podemos controlar sempre o ambiente no qual nos encontramos, mas podemos assumir a responsabilidade pela maneira como nos apresentamos. Seu primeiro passo deve ser influenciar positivamente aqueles ao seu redor, todos os dias. Comece vivendo seu PORQUÊ da melhor maneira que conseguir. É bem possível que, se você fizer isso, as coisas comecem a mudar para melhor.

Se não funcionar, é importante lembrar que nosso objetivo é nos cercarmos de pessoas que acreditam no que acreditamos. Se isso simplesmente não for possível onde está, você deve fazer uma escolha. Pode procurar ativamente um emprego mais alinhado com seu PORQUÊ. Ou pode tentar fazer o melhor onde você já está. Apenas se lembre de que seguir na direção de algo (por exemplo, de uma situação na qual você possa prosperar e viver seu PORQUÊ) é sempre melhor do que se afastar de algo (por exemplo, de uma situação que não esteja funcionando para você).

Meu chefe (parceiro, irmão ou melhor amigo) realmente precisa fazer uma Descoberta do Porquê! Como posso fazer isso acontecer?

Provavelmente você está certo ao pensar que essa pessoa se beneficiaria com isso. No entanto, não cabe a você convencer os outros. Eles precisam *sentir* que a Descoberta do Porquê seria boa para eles. Uma maneira pela qual é possível inspirá-los a fazer uma descoberta é vivendo nosso PORQUÊ. Eles vão ver a realização que você obtém em função do que aprendeu e podem decidir descobrir mais. Ou não. Podemos levar um cavalo até a água e até enfiar sua cabeça na tina – mas isso só vai afogá-lo.

Quero viver meu PORQUÊ, mas não tenho o que preciso para estar em minha melhor forma.

Não dá para saber a partir dessa declaração se a peça que está faltando é tangível ou intangível, portanto daremos as duas respostas. A primeira: se está sugerindo que há um O QUÊ tangível que é necessário para viver seu PORQUÊ, você está errado. Nenhum de nós precisa de um trabalho, uma posição, um título, uma tecnologia ou um equipamento específico para realizar as mudanças que desejamos ver no mundo. Os irmãos Wright, por exemplo, tinham rivais mais bem equipados, com mais recursos financeiros e uma formação melhor do que a deles, mas tinham paixão, e foi a equipe deles, trabalhando numa oficina de bicicletas, que lançou o primeiro homem no céu em um avião. Há inúmeras histórias parecidas de pessoas que tinham muito menos com que trabalhar, mas acabaram realizando coisas que ninguém mais conseguiu. Isso é o que acontece quando você começa pelo PORQUÊ.

Mas talvez você esteja falando de algo intangível – uma necessidade emocional ou de relacionamento, por exemplo, que não esteja sendo atendida. Às vezes, as pessoas ao nosso redor não sabem o que precisamos, o que torna difícil para elas nos darem isso! Se for esse o caso, você deve compartilhar seu PORQUÊ com elas e dizer-lhes o que precisa a partir de um ponto de vista emocional ou relacional para estar em sua melhor forma.

Para organizações

Áreas mais prestigiadas ou interessantes possuem PORQUÊs melhores do que as que têm menos visibilidade? Elas têm histórias melhores para contar durante o processo de Descoberta do Porquê?

Algumas pessoas esperam que um grupo especializado na área médica ou de caridade tenha histórias mais numerosas ou "melhores" para contar. Pela nossa experiência, não é assim que funciona. O que nos une é que todos somos humanos, e as histórias que você quer contar durante esse exercício são sobre sermos humanos. Se as pessoas na sessão forem apaixonadas pelo que fazem, é quase certo que as histórias serão ótimas. *É função do facilitador ajudar. Simplesmente, dê a eles tempo e espaço suficientes, escute com atenção e ajude-os a investigar mais fundo.*

O que fazemos se nosso produto não se encaixa com nosso PORQUÊ?

Se vendemos um produto ou serviço que é inconsistente com o que acreditamos, ele não será autêntico e nossos funcionários e clientes acabarão percebendo e – o que é ainda mais importante – *sentindo* isso. Por outro lado, mudar completamente um produto ou serviço porque ele não está alinhado com o nosso PORQUÊ tampouco é necessariamente uma boa opção. Nunca vimos uma situação na qual todo o negócio principal de uma organização estava desalinhado com seu PORQUÊ. De vez em quando, um produto que não esteja indo bem ou uma divisão que pareça desajustada ficam mais compreensíveis. Ouviremos alguém dizer "Não é de surpreender que não esteja dando certo, pois não está alinhado com nosso PORQUÊ" ou "Vejo a razão pela qual esta aquisição está com dificuldades – não estamos alinhados". Às vezes, faz sentido aposentar um produto ou dissolver uma divisão que não se encaixe. A ideia é investir energia nos locais que possuem o maior impacto positivo.

"Ganhar dinheiro" pode ser um PORQUÊ?

Não. Todos conhecemos organizações cuja única razão de existir é ganhar dinheiro. Mas esse não é um PORQUÊ. "Ganhar dinheiro" não realiza nenhum propósito mais elevado. É apenas um resultado. E as organizações que definem seu PORQUÊ como um resultado costumam não ser bons lugares para se trabalhar. A curto prazo, companhias motivadas pelo lucro podem se sair melhor financeiramente do que organizações motivadas pelo PORQUÊ, mas seu sucesso é insustentável. A longo prazo, elas não conseguem inspirar o tipo de lealdade, confiança e inovação que uma organização com um propósito consegue.

A Costco, por exemplo, tem permanecido fiel ao seu PORQUÊ de colocar as pessoas em primeiro lugar, o qual tem lhe servido bem. Como essa empresa mantém seu PORQUÊ claro, ela tem sido ao mesmo tempo um lugar melhor de se trabalhar e um negócio mais lucrativo do que seu maior concorrente, o Sam's Club, de propriedade da Walmart. Depois da morte de seu fundador, Sam Walton, o PORQUÊ da Walmart tornou-se vago e a administração passou a ser orientada pelo lucro. A diferença no sucesso das duas companhias é clara: se um acionista tivesse investido na Walmart, a companhia proprietária do Sam's Club, no dia em que Walton morreu, ele teria obtido um retorno de 300%. Mas, se tivesse investido na Costco no mesmo dia, teria obtido um lucro de 800%.

Para saber mais sobre como o PORQUÊ é melhor para os resultados, leia o Capítulo 12 de *Comece pelo porquê*.

O conceito do PORQUÊ não tem nada a ver com a realidade dos negócios. Será que vocês não precisam admitir que ele é um pouco de mimimi e que não é assim que as coisas funcionam no mundo real?

Se biologia é "mimimi", então considere isso mimimi! O PORQUÊ está no âmago da realidade dos negócios. Nossas decisões são motivadas pelos sentimentos, às vezes (embora nem sempre) amparados pela lógica e pela razão. Quando o índice Dow Jones cai, lemos com frequência que "o mercado estava pessimista". Títulos e ações são negociados com base em como aqueles que os estão comprando se sentem a respeito do futuro.

Em 2015, foi descoberto que vários fabricantes de carros tinham falsificado os testes

Para saber mais sobre a biologia do PORQUÊ, leia o Capítulo 4 de *Comece pelo porquê*.

de emissão de gases poluentes de seus veículos. Muito logicamente, isso afetou a confiança de longa data que as pessoas tinham nessas marcas e as vendas e valores de mercado dessas companhias sofreram um baque. Por outro lado, e menos logicamente, a Tesla atraiu mais de 500 mil encomendas de seu carro elétrico Model 3, embora ele ainda nem esteja sendo produzido e as pessoas que estão fazendo as encomendas nunca tenham sentado em um Tesla, muito menos dirigido um.

Nossa companhia é grande, com muitas divisões e linhas de produtos em vários países. As funções operacionais e de apoio não têm PORQUÊs diferentes?

Uma organização tem somente um PORQUÊ. Se algumas pessoas dentro da organização se sentem excluídas desse PORQUÊ, talvez a Declaração do Porquê ainda não tenha sido totalmente aperfeiçoada – ou as palavras não estejam exatamente certas ou a declaração ainda contenha O QUÊs que excluem certos funcionários. Se for isso, provavelmente está na hora de fazer alguns ajustes meticulosos na Declaração do Porquê.

Ou talvez seja a hora de a companhia trabalhar um pouco no desenvolvimento de PORQUÊs Aninhados (página 70). Explorar PORQUÊs dentro de PORQUÊs concederia aos subgrupos organizacionais a oportunidade de refiná-los de forma que todos se identifiquem mais poderosamente com eles.

Podemos ajustar nosso PORQUÊ de forma que ele se adeque aos nossos clientes?

Durante um workshop que estava conduzindo, Peter ouviu alguém dizer: "O que precisamos fazer é descobrir o PORQUÊ de todos os nossos clientes e fazer com que o nosso PORQUÊ se encaixe neles." O sinal de alerta de Peter começou a piscar – e o seu deveria fazer o mesmo caso ouça algo parecido.

O que torna um PORQUÊ poderoso é sua autenticidade. Nem empregados nem clientes são enganados quando uma organização tenta fabricar um PORQUÊ para que ele se adapte ao que ela acha que os clientes desejam ouvir. Isso é manipulação. As pessoas com quem você faz negócios e as pessoas que trabalham com você sentirão a falta de conexão. A confiança e a lealdade diminuirão (se é que algum dia existiram). Quando isso acontece, a companhia muitas vezes recorre a descontos e a outras formas de **manipulação** para tentar convencer os clientes e funcionários a permanecerem com ela. Isso pode dar certo a curto prazo, mas não tem nenhuma esperança de sucesso a longo prazo.

Para saber mais sobre manipulação *versus* inspiração, leia o Capítulo 5 de *Comece pelo porquê*.

Isso não quer dizer que uma organização baseada no PORQUÊ não possa usar marketing com eficiência. É claro que pode! Na verdade, quando o marketing usa o PORQUÊ como sua fonte, ele funciona muito bem. O *branding* de uma organização simplesmente se torna uma expressão exterior de seu PORQUÊ, uma prova da cultura da companhia.

★ ★ ★

Se você deseja mais inspiração ou apoio, visite o website da Start With Why, em inglês – www.StartWithWhy.com.

APÊNDICE 2

Dicas para o parceiro na Descoberta do Porquê Individual

Qualquer pessoa que tenha decidido servir como parceiro na Descoberta do Porquê Individual de um amigo ou colega de trabalho deve ler o Capítulo 3 deste livro para obter instruções sobre como conduzir o processo e também deve ler este apêndice como uma folha de consulta. Eis um resumo das melhores dicas e perguntas para ser um parceiro eficiente:

- **Seu papel:** Ouvinte ativo e tomador de notas. À medida que a pessoa realizando a descoberta for contando suas histórias, você anotará qualquer ideia, palavra, expressão e tema recorrente. No final, eles constituirão um fio condutor principal que define quem aquele que busca o PORQUÊ é em sua melhor forma. *Não é seu papel ser:* terapeuta, mentor, conselheiro, solucionador de problemas.

- **Como "ouvir ativamente":** Faça contato visual. Demonstre reconhecimento, verbal e não verbal, do que a outra pessoa diz. Convide-a a falar mais sobre o que aconteceu ou como ela se sentiu a respeito. Esteja particularmente atento a expressões faciais, linguagem corporal, pausas longas, mudanças no tom de voz e no estado emocional (ficar entusiasmado, emocionado). Anote essas coisas se puder.

- **Três maneiras de fazer boas perguntas:**
  - **Faça perguntas abertas** (do tipo que não pode ser respondido com "sim" ou "não"). Perguntas abertas permitem que a outra pessoa assuma a frente da dinâmica.
  - **Evite perguntas que comecem com "por que".** É mais fácil responder a uma pergunta que começa com "o que". Pergunte: "O que nessa história realmente importa para você?"
  - **Fique em silêncio.** Se a pessoa estiver tendo dificuldades para responder à sua pergunta, não preencha o silêncio com outra pergunta nem com uma sugestão de resposta. Apenas espere. Emoções são difíceis de articular e ela pode precisar de algum tempo para encontrar as palavras certas.

- **Procure o lado bom.** Você talvez ouça uma história que pode ser triste ou até horrível – mas ela ainda pode lançar luz sobre quem a pessoa é e qual pode ser o PORQUÊ dela. Use sua perspectiva de alguém que está de fora para enxergar a lição que o contador da história talvez não veja.

- **Concentre-se na *contribuição* e no *impacto* da pessoa em cada história que ela contar.** Em toda história que você ouvir, repare no *que* a pessoa estava dando para outra e o *impacto* que isso teve sobre o receptor. Se a pessoa não fornecer espontaneamente essa informação, faça perguntas para revelá-la.

- **Concentre-se em sentimentos.** Nas histórias, *o que* aconteceu é menos importante do que como a pessoa *se sentiu* a respeito do que aconteceu.

- **Faça perguntas para investigar mais fundo e descobrir sentimentos.** Eis algumas perguntas eficazes:
  - Quando isso aconteceu, como você se sentiu?
  - Quem mais estava envolvido nessa história e como essa pessoa fez uma diferença para você?

- O que você realmente amou a respeito dessa experiência?
- Você provavelmente já sentiu a mesma coisa antes. O que a respeito dessa história específica a torna especial?
- Como essa experiência afetou você e a pessoa em que você se transformou?
- Qual foi a lição que você aprendeu com essa experiência e que carrega ainda hoje?
- Conte-me o que quis dizer quando falou "isso realmente fez com que eu me sentisse realizado". (Ou qualquer afirmação mais genérica.)
- Você diz que o que aconteceu fez com que ficasse decepcionado (ou triste, feliz, desconfiado). Mas você provavelmente já tinha sentido isso antes. Descreva como esse sentimento específico foi diferente a ponto de você ainda se lembrar dele tantos anos depois.
- De todas as histórias que você poderia ter compartilhado comigo, o que torna essa tão especial que você tenha escolhido contá-la como parte da sua Descoberta do Porquê?

EXEMPLOS DE ANOTAÇÕES

FATOS	SIGNIFICADO
- Em 2010, facilitou um encontro da equipe em Aspen	- União
- Responsável por contratar a maior parte da equipe durante sete anos	- Todos se uniram
	- Significou muito para ela que todos sentissem que estavam num lugar seguro
- Ela conhecia todos muito bem, mas o CEO estava presente e boa parte da equipe (remota) ainda não o conhecera	- Sentimento de equipe/família
	- Alegria (todos estavam sendo quem realmente eram)
	- Sentiu muita responsabilidade pela equipe

- Não tinha certeza do que aconteceria – nervosa
- Queria que fosse uma experiência que unisse todos
- Amou ver relacionamentos se formando naturalmente
- Foi importante porque ela realmente se importava pessoalmente com cada pessoa

APÊNDICE 3

....

Dicas para o facilitador na Descoberta do Porquê Tribal

Qualquer pessoa que tenha concordado em servir como facilitador de uma Descoberta do Porquê Tribal de uma organização, companhia ou equipe deve ler os Capítulos 4 e 5 deste livro para obter instruções sobre como conduzir o processo – e também deve usar este apêndice como uma folha de consulta. Eis um breve resumo das melhores dicas e perguntas para facilitadores eficientes:

- **Mantenha a confidencialidade.** Não compartilhe os detalhes ou a natureza das conversas que você facilitará durante o workshop até que esteja pronto para tê-las. Se os participantes souberem de antemão qual será a discussão, pensarão demais a respeito.

- **Seja firme com "fominhas por histórias".** É crucial para a Descoberta do Porquê Tribal que todos tenham a oportunidade de compartilhar suas histórias em seu grupo. Fique de olho nas interações. Se alguns indivíduos estiverem sendo dominadores demais (executivos seniores costumam fazer isso), interceda e estimule delicadamente aqueles que ainda não falaram a contribuírem com suas histórias.

- **Se um membro de uma equipe demonstrar emoção ao contar sua história, investigue mais fundo.** Peça à pessoa para falar mais sobre seus sentimentos ou o que a respeito daquela história específica despertou uma reação tão intensa. Seja direto. Pergunte: "O que nesse telefonema do cliente fez com que você se lembrasse dele tantos anos depois?"
- **Evite perguntas que comecem com "por que".** Por mais que pareça contraintuitivo, é mais fácil responder a perguntas que começam com "o que" do que com "por que".
- **Desvie os participantes de debates semânticos que travam o progresso.** Por exemplo: "'Alegria' é realmente a melhor palavra? Acho que deveríamos dizer 'felicidade'." Não entre nesse buraco negro. Lembre ao grupo que, nesse contexto, definições de dicionário importam menos do que o sentimento geral despertado por uma história.
- **Concentre os participantes em *como* sua tribo faz negócios em vez de *que* negócio ela faz.** Às vezes, os membros dos grupos dizem que a concorrência faz exatamente o mesmo que eles. Se isso acontecer, traga-os de volta às histórias. A diferença entre eles e os concorrentes está no COMO, e não no O QUÊ.
- **Assegure-se de ter tempo suficiente.** Uma Descoberta do Porquê Tribal leva no mínimo quatro horas. Se os organizadores pedirem para você a realizar em menos tempo, resista. É crucial dispor de quatro horas inteiras.
- **Assegure-se de ter o ambiente ideal.** O espaço no qual a sessão ocorrerá precisa ser:
  - Grande o bastante para que os participantes possam se dividir em grupos pequenos
  - Equipado com uma mesa com comida e bebida
  - Privado e silencioso (por exemplo, não pode ser a sala onde fica a máquina copiadora)
  - Preparado com antecedência de modo que as mesas estejam encostadas nas paredes e as cadeiras arrumadas em semicírculo
  - Equipado com blocos em cavalete para cada um dos subgrupos, além de outros três blocos em cavalete para seu próprio uso

WORKSHOP DE DESCOBERTA DO PORQUÊ TRIBAL

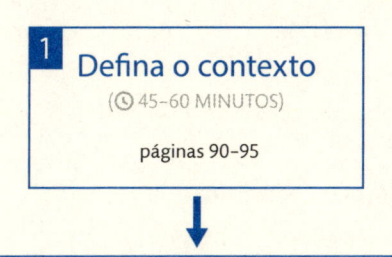

1. Defina o contexto
(🕒 45–60 MINUTOS)

páginas 90–95

2. Conduza o processo de Descoberta do Porquê
(🕒 2–2,5 HORAS)

CONVERSA 1
(🕒 20 MINUTOS)

Apresentação
(🕒 25–35 MINUTOS)

páginas 97–102

CONVERSA 2
(🕒 10 MINUTOS)

Apresentação
(🕒 10–15 MINUTOS)

páginas 102–105

Intervalo
(🕒 15 MINUTOS)

CONVERSA 3
(🕒 15 MINUTOS)

Apresentação
(🕒 20–30 MINUTOS)

páginas 105–109

3. Redija o rascunho de uma Declaração do Porquê
(🕒 35–40 MINUTOS)

Como redigir uma Declaração do Porquê
(🕒 5 MINUTOS)

páginas 111–112

Exercício de Candidatas a Declaração do Porquê
(🕒 25 MINUTOS)

Apresentação
(🕒 5–10 MINUTOS)

páginas 112–116

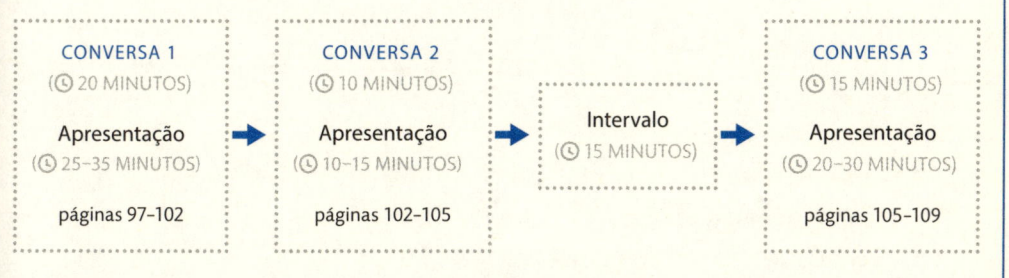

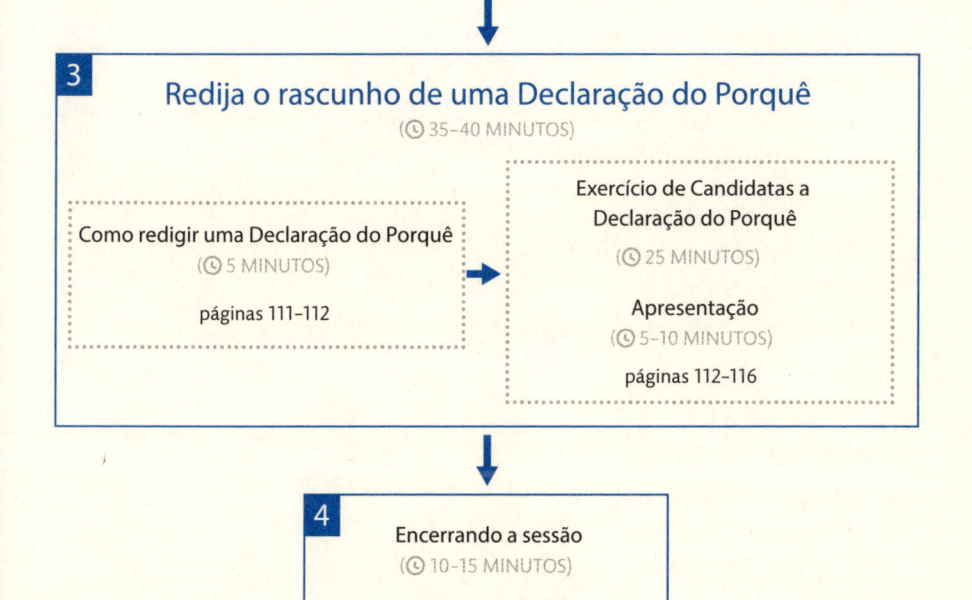

4. Encerrando a sessão
(🕒 10–15 MINUTOS)

páginas 116–117

APÊNDICE 4

O Exercício dos Amigos

UM PASSO NA DIREÇÃO DA DESCOBERTA DO SEU PORQUÊ

O seu PORQUÊ é uma declaração de quem você é. E você é quem é independentemente do que faz e de aonde vai. Seu PORQUÊ é aplicável a todos os aspectos da sua vida, não apenas ao seu trabalho. Esse exercício pode ajudá-lo a começar a colocar seu PORQUÊ em palavras.

Por que seus amigos são seus amigos?

Encontrar o seu PORQUÊ pode ser um desafio. No entanto, os seus amigos podem ser um grande recurso em sua jornada de descoberta. Tudo que você precisa fazer é falar com eles. Esse exercício não só é divertido como pode oferecer uma percepção inestimável de alguns dos seus relacionamentos mais próximos.

PASSO 1: FAÇA UMA LISTA CONTENDO DE TRÊS A CINCO DOS SEUS AMIGOS MAIS PRÓXIMOS

Essas são as pessoas em quem você confia e que ama incondicionalmente; as pessoas para quem poderia telefonar às duas da manhã com um dilema, as que iriam atrás de você no outro lado do mundo para ajudá-lo. Mesmo que não fale muito com eles, esses são os amigos que sempre estarão ao seu lado – e vice-versa.

1._____

2._____

3._____

4._____

5._____

O ideal é que esse exercício seja realizado cara a cara, mas, se isso for inviável, tudo bem fazê-lo pelo telefone.

PASSO 2: PERGUNTE A ESSAS PESSOAS: "POR QUE VOCÊ É MEU(MINHA) AMIGO(A)?"

De saída, pode ser que eles não entendam a pergunta. Com um olhar de perplexidade, eles podem dizer: "Como assim? Nós somos amigos desde sempre. Essa é uma pergunta estranha." Então ofereça algum contexto. Explique que esse é um exercício que você está realizando para aprender mais sobre si mesmo e que seria muito útil se pudessem ajudá-lo respondendo à pergunta.

Mais uma vez, pergunte: "Por que você é meu amigo?" Dessa vez, eles lhe darão respostas como: "Você é inteligente, leal, gentil, engraçado..." Todas essas coisas serão verdadeiras. Diga a eles: "Ótimo! Você acabou de definir o que significa a palavra 'amigo', mas por que é MEU amigo?"

O silêncio é essencial nesse momento. Tente não preencher os momentos de silêncio num esforço de reduzir o caráter constrangedor dessa conversa. Deixe que pensem na resposta pelo tempo que for necessário.

Isso pode ser um pouco desconfortável para ambos, pois poucas pessoas se sentam com os amigos para falar sobre as bases profundas da amizade que compartilham. Lembre-se de que seus sentimentos vêm do sistema límbico, que não tem acesso à linguagem. Portanto será difícil para seus amigos traduzir a ligação que têm com você em palavras.

PASSO 3: ESCUTE

Eles dirão coisas como: "Não sei. Essa é uma pergunta difícil." Deixe que continuem falando. Mantenha-se em silêncio, escutando, e, acima de tudo, permita que se esforcem para encontrar as palavras certas. Pode parecer que estarão andando em círculos, mas continue ESCUTANDO. Por fim, eles vão mudar de direção e começar a falar sobre eles mesmos.

Vão começar com coisas como:
"Eu sinto..."
"Você faz com que eu me sinta..."
"Quando estou com você, sinto..."

É provável que você estabeleça uma conexão emocional com essa pessoa enquanto ela descreve a si mesma e como você faz com que ela se SINTA quando está ao seu lado. Você pode ficar arrepiado ou com os olhos marejados. Isso é o que normalmente acontece quando você experimenta algo que lhe parece certo.

PASSO 4: ESCLAREÇA

Como você nunca deve ter tido uma conversa desse tipo com o seu amigo, use a sua curiosidade sobre as coisas que ele disse para fazer novas perguntas, de forma a esclarecer o que ele está querendo dizer. Eis alguns exemplos:

AMIGO: *"Eu me sinto bem quando você está por perto. Sinto que, não importa o que eu faça, você sempre vai me aceitar."*
VOCÊ: *"O que você quer dizer quando diz que se sente 'bem'?"*
AMIGO: *"Não sei. Acho que fico calmo. Sinto que, não importa quão estressado eu esteja, quando me sinto com você fico mais relaxado."*

VOCÊ: *"Então, não importa que esteja estressado, quando nos encontramos você se esquece das suas preocupações?"*

AMIGO: *"Não exatamente. Quando começamos a conversar sobre elas, sinto que as minhas preocupações não são tão sérias quanto imaginei que fossem."*

VOCÊ: *"Então eu o ajudo a colocar as coisas em perspectiva?"*

AMIGO: *"Isso mesmo! E depois eu fico muito mais calmo."*

Uma vez que tenha um entendimento claro do que seu amigo está querendo dizer, tome notas claras.

PASSO 5: COMPARE

Ao comparar as anotações das conversas que teve com diferentes amigos, você vai começar a perceber que seus amigos dizem coisas semelhantes sobre você. Pegue essas palavras-chave e expressões e liste-as abaixo.

Por exemplo: Meu melhor amigo diz que eu...
1. Coloco as coisas em perspectiva
2. Ajudo a esclarecer as coisas
3. Ajudo a fazê-lo enxergar o quadro mais amplo

Depois de descobrir o que você tem que seus amigos não encontram em mais ninguém, estará mais perto de articular seu PORQUÊ e o que naturalmente faz para deixar sua marca no mundo.

Palavras-chave e expressões que meus amigos usam para me descrever:
___
___
___
___

AGRADECIMENTOS

Houve um momento no qual não acreditávamos que chegaríamos à seção de agradecimentos deste livro! Resumindo a história: este livro foi iniciado em 2013 como um manual escrito por Peter. David amou a ideia e, juntos, trabalhamos para desenvolver mais o método. Um dia, pararemos para refletir e relembrar como, de repente, nos vimos escrevendo um livro inteiro. Escrevê-lo foi uma experiência inacreditavelmente desafiadora e inspiradora, cheia de reviravoltas inesperadas.

Seria impossível citar as organizações e os indivíduos que participaram das centenas de workshops que conduzimos para aprimorar os métodos que compartilhamos nestas páginas. Superficialmente, pareceria que eles não tinham nada em comum – áreas diferentes, tamanhos diferentes, modelos de negócios diferentes. No entanto, para nós, todos se encaixavam no mesmo perfil. Todos eram primeiros adotantes. Estavam dispostos a se voluntariar e a se juntar ao movimento muito antes de termos decifrado esse processo. Se não fosse por vocês, levantando as mãos para serem os primeiros, não teríamos o conteúdo que preenche estas páginas.

Um obrigado especial a todas as organizações que inspiraram exemplos e histórias para ajudar a dar vida ao processo de Descoberta do Porquê, incluindo La Marzocco, Cuestamoras, Ultimate Software, Studio Awkward e Southwest Airlines. E há também os vários indivíduos que conversaram conosco em voos, em bares e em outros lugares aleatórios, inspirando-nos com sua disposição a compartilhar suas histórias – incluindo Steve, o homem do aço, Emily e Todd.

Com Peter na Inglaterra, David em Utah e Simon em Nova York, foi necessário um grande esforço para dar vida a este livro. Sem contar que nós três passamos mais tempo viajando fazendo palestras do que em casa! Um enorme obrigado a nossas famílias, que demonstraram paciência, tolerância, amor e apoio enormes enquanto nos afastamos para escrever e reescrever – um tempo precioso, quando muitos dias por ano são passados longe de casa.

Como os instrumentos em uma orquestra, palavras não são nada sem um grande arranjo. Por isso, agradecemos à habilidade da equipe da Penguin Random House (que também nos ajudou a nos livrar de algumas notas dissonantes): Adrian Zackheim, Merry Sun, Will Weisser, Victoria Miller, Tara Gilbride, Daniel Lagin, Lisa D'Agostino, Matt Giarratano, Tess Espinoza e Eric Nelson. Na verdade, a Portfolio merece uma menção especial por sua paciência e seu apoio enquanto navegávamos por este livro.

Há algumas pessoas cujos nomes gostaríamos de mencionar. A editora maravilhosamente objetiva Jenn Hallam, que manteve todos nós focados e que nunca se esquivou de nos dar todo o feedback de que precisávamos. Judy Coyne, que, aparentemente sem esforço, pegou três vozes e as transformou em uma só. As ideias de projeto gráfico e de layout vieram das mentes criativas de Farah Assir e Elanor Thompson, sem cuja participação este livro teria sido muito mais difícil de acompanhar. Um obrigado muito especial a Monique Helstrom e Molly Strong por orquestrarem a agenda de Simon e nossa logística coletiva para tornar possível que nos encontrássemos na mesma sala (virtual ou pessoalmente).

Nossas ideias foram moldadas pelo feedback e pela contribuição de alguns amigos e colegas próximos, incluindo Stephen Shedletzy e a equipe geral da Start With Why, nossos amigos no Instituto de Liderança Barry-Wehmiler e Simon Marshall. Queremos agradecer especialmente a todos aqueles que dedicaram tempo e energia a testar o que escrevemos. Ronit Friedman, Sharon Mass e Keren Peled conduziram um workshop para a Elevation Academy, enquanto Margaret Allgood, Aletheia Silcott e Cheryl Grise conduziram a Cox Automotive's Inventory Solutions pelo processo. Michael Redding e Jeffrey Beruan também desempenharam um papel valioso em conferir que nosso processo funcionava.

Finalmente, todos queremos fazer uma menção especial à nossa querida amiga Kim Harrison. Kim conduz toda a equipe da Start With Why diariamente. Sem sua visão e percepção notáveis, sua capacidade de unir pessoas da maneira mais poderosa e seu comprometimento inabalável com o movimento Start With Why, nada disso teria sido possível. Sempre nos bastidores, apoiando aqueles na linha de frente, ela é um ser humano notável e todos nós a amamos profundamente.

CONHEÇA OUTRO LIVRO DO AUTOR

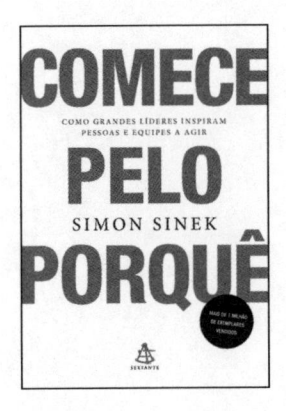

Por que algumas pessoas e organizações são mais inovadoras, admiradas e lucrativas do que outras? Por que algumas despertam grande lealdade por parte de clientes e funcionários?

Para Simon Sinek, a resposta está no forte senso de propósito que as inspira a darem o melhor de si para uma causa expressiva – o porquê.

Ao publicar este livro, o autor iniciou um movimento que tem ajudado milhões de pessoas a encontrar um sentido maior no próprio trabalho e, assim, inspirar colegas e clientes.

Ilustrando suas ideias com as fascinantes histórias de Martin Luther King, Steve Jobs e os irmãos Wright, Simon mostra que as pessoas só irão se dedicar de corpo e alma a um movimento, ideia, produto ou serviço se compreenderem o verdadeiro propósito por trás deles.

Neste livro, você verá como pensam, agem e se comunicam os líderes que exercem a maior influência, e também descobrirá um modelo a partir do qual as pessoas podem ser inspiradas, movimentos podem ser criados e organizações, construídas. E tudo isso começa pelo porquê.

CONHEÇA OS LIVROS DO AUTOR

Comece pelo porquê

Encontre seu porquê

Para saber mais sobre os títulos e autores
da Editora Sextante, visite o nosso site.
Além de informações sobre os próximos lançamentos,
você terá acesso a conteúdos exclusivos
e poderá participar de promoções e sorteios.

sextante.com.br